命運知多少？

許敬◎著

出書感言

從學生時代開始，我就接觸面相學，也接觸子平八字和紫微斗數，可是我一直獨鍾面相學，我的思考方式可能與眾不同，我覺得面相是每一個人獨有的特徵，若用個人面相來算命，應該合理也可以準確。至於用出生的時辰來算命的紫微斗數和子平八字，我則認為若不能輸入某些個人條件，所算出來的結果，是同時出生的人共有的命運，這種算命方式，不符合推理邏輯，還需要進一步的突破。旅居美國的期間，有一天無意中，在某些條件的輸

上海演講磁場與方位

入中，有了重大的突破，也從此邁開我到各地演講之路。

上海演講風水與命理

在研究風水命理和面相學的過程中，我從沒拜過師，其實也沒看完過任何一本算命書或風水書。每當我翻開書的前幾頁，我就看不下去了，頂多只是剛開始學習排八字和命盤時，參考一些傳統的書籍。至於書中內容，坦白告訴各位讀者，到目前為止這方面的書，還沒有一本被我肯定的。只要看其中一兩頁的內容，立即感覺枯燥無味，都是大同小異，也都是充滿迷信與怪力亂神。我沒買過任何大師的大作回家欣賞，總覺得書中那些說法與論述，與現實的生活距離太遠，更不是科學昌明的時代，還應該存在的錯誤觀念，所以不值得花錢買這類書。

至於風水學，我對那些整天說哪個房子好，哪個人的祖墳旺的大師，從來都是存疑。我常想房子再好，祖墳再佳的子孫也有沒落之時，如果風水師真能找到，如他們所說的，這世上少有的寶地，他們應該先回去葬他們的祖先吧。這就是明代大儒朱熹所說的「說空說空說空空，指南指北指西東，山中若有王侯地，快快回家葬祖宗。」這些邏輯思考，對我在研究國學的心路歷程，幫助

上海演講與主持人……今波

非常大，我沒有走冤枉路，也沒有花太多時間在這方面死打轉。我只知道如何去「化繁為簡」以最簡單的表達方式，讓知識份子明瞭且被肯定，這就是我與眾不同的，也是我在這領域中最值得自傲的。

我個人認為，要成為所謂的風水或命理大師，絕對不是年紀大就能稱大師，稱大師要具備最基本的四個字……理論正確！

2009年秋，我在上海認識楊新功先生，楊先生任職於上海華燕置業有限公司，擔任金融部總經理職務。因為職務關係，接觸過不少風水與命理大師，所以可以接受我所說的風水與命理新觀念。與其暢談後，竟然開啟我在中國的國學演講歷程。楊先生長得一臉福相，為人坦率笑口常開，是佛門弟子且悟性頗高。在其極力推薦之下，第一次演講，是與上海電視臺名主持人今波先生搭配，為上海明泉公司所推出連棟別墅的促銷活動演講，今波當主持人，我當風水講解人。演講完隔數天後開盤，出乎意料之外，開盤的第一天，64棟別墅一天之內銷售而空，總成交金額超過人民幣9億元。不僅打破上海房地產業一天之內銷售金額的紀錄，聽說也打破中國房地產業的紀錄。總算沒讓楊先生失面子。有了第一次成功經驗，更讓楊先生信心十足，為我安排不少演講機會，也開啟我在中國演講的大門。

這些年來，中國經濟崛起有目共睹，房地產業蓬勃發展，更在所有產業中一支獨秀。由於房價節節高升，投資人更加謹慎小心，加上風水命理等傳統國學漸漸被重視，所以房地產業在促銷房屋時，都會邀請風水或命理大師演講，以增加投資者的信心。風水與命理都是中國傳統的國學，在大環境影響之下，曾經中斷不短的時間。一般人對風水與命理，其實瞭解的並不多，加上講師的素質良莠不齊，真讓人為投資人背後隱藏的危機擔憂。

蘇州演講風水與磁場

同年夏天，我在北京聽了兩場風水演講，這些研究風水的大師，總是一直強調風水有好壞，尤其是強調北京故宮的風水是多麼的好。這種傳統風水學的觀念，確實有待商榷，也無法讓我信服。於是在演講完後，我都針對講師的觀點提出質疑。我問大師，故宮的風水既然如此的好，為什麼明朝和清朝都在這麼好的風水中建都，最後還是滅亡呢？問得大師們沒辦法回答我，當場啞口無言。其實滅亡的因素很簡單，昏庸、暴政、無能甚至是天災，都會讓任何王朝滅亡。這些滅亡的因素，哪一個和風水有關呢？所以說好風水可以庇佑子孫，我本人是存著很大疑問的。

這二十年來，我遇過無數的大師，無數的國學研究者，但坦白說，幾乎都是停留在傳統的錯誤觀念中打轉，好像沒遇到真正具有科學觀、現代觀的大師。所以這些學問一直被知識份子所質疑，被認為迷信與不科學的。我個人認為，傳統的風水、命理包括其他的國學，若要發揚光大，就必須注入新觀念、新思維。任何學問若經不起邏輯學的檢驗，最後只會走上被淘汰的命運！

此次出書，是我在中國演講後的第一次，書名定為「命運知多少」，目的是想把我多年研究的心得公諸於大眾，也是要藉此機會，傳達風水與命理該有的正確常識，不希望這些傳統術數，永遠被冠上怪力亂神和迷信的符號，當現代知識份子能接受它時，這些術數才能走向它應有的學術地位！

許敬

己丑年冬 於臺北

楊新功 序

最近大陸內地房地產界與金融投資行業，掀起了一陣以國學為主題的風氣，指點投資人做為投資參考。但做為一般投資人來說，對國學的基本認知是有限的，且所謂的國學大師素質良莠不齊，所以令人無法分辨哪位大師所言是真，哪位大師所言有誤，實在是各家眾說紛紜。

在2009年10月偶然的機緣中，我認識了來自臺灣的國學大師許敬先生。結識許先生是透過朋友的介紹，朋友在電話中只說要介紹一位臺灣的國學大師，原本以為也是和

一般江湖術士無異吧！但當與許先生暢談後，發現他所談的國學很符合科學的理論，其創立的國學論述能讓現代知識份子所接受，經過多次接觸，對其國學造詣有所欽佩。

許先生對中國傳統國學有非常精深之研究，尤其在風水、命理與占卦方面，都有獨到之見解與分析，是多年來進入房地產界所接觸的眾多大師中的佼佼者，且是獨一無二的大師。

許先生從事國學研究二十餘年，他對目前大陸傳統國學的觀念與理論，提出質疑，他認為大陸國學要脫離迷信與不科學，而登上大雅之堂，成為一門知識份子所能認同的學問，就必須做重大的修正，把錯誤與迷信觀念剔除，否則國學永遠只是江湖術士的謀生工具，永遠也無法登大雅之堂。

初次見面時，許先生對風水和算命有一番完全與眾不同的說法，確實讓我大開眼界，同時對國學有了全新的認識與瞭解。許先生不時的強調，中國人迷信風水有好壞之分，房子有吉凶之別，這種思想是錯誤與無知的，甚至有很多人認為好風水可以庇佑子孫、萬事興隆，可以讓祖業立於萬世不敗之地。他說最典型的例子，就是中國的帝王都找最好的風水埋葬，都找最佳的風水建築皇城，為什麼最後都走上滅亡之路呢？這句話讓我感觸很深，受益匪淺。

國學是中國人獨創的學術，流傳久遠且歷久不衰，中國人有責任將其發揚光大，但可惜歷來皆被江湖術士當做謀生工具，失去其應有的學術地位，無形中漸漸被現代知識份子所否定與排斥，造成國學長期式微，改革開放後國學又開始被逐漸重視，但許先生憂心忡忡，語重心長的說：「若國學被一知半解的所謂大師傳導，國學還是無法發揚光大的。」

雖然我對國學中的風水、算命並沒有深入研究，但接觸過不少這方面的專家，也聽過很多這方面的演講，但認識許大師後，我深深感觸。在二十一世紀的新時代，國學不能再停留在那些經不起考驗和檢驗的論述中，國學要具備科學的理論基礎，要正本清源，重新詮釋，重新注入新的生命與精神，唯有如此，國學才能再次在世人面前展現其獨特的魅力。

許先生不僅對錯誤與迷信之觀念提出批判，另一方面他也對國學注入了新生命，他致力於建立放諸四海皆可被現代知識份子所認同的理論，同時在學術探討中經得起檢驗！所以他能在美國、日本、臺灣、香港、新加坡等地獨領風騷二十年！希望不久的將來，他更能以科學的國學觀在中國大放異彩！今許先生欲出版一本談國學之書，委請我為其寫序，由於我對大師有所瞭解，故樂意為其寫推薦序。

上海華燕置業策劃（集團）有限公司

經紀金融事業部總經理

楊 新 功

2010年 元月於上海

今波 序

做為一名文化節目主持人，我曾面對大師無數，但說實話，從沒見過許兄這麼「憤怒」的！

其實，在和許兄碰面前，我就聽說他在台灣很早成名，曾被媒體譽為「國師」，但卻樹敵太多，早已成為同道異人；也聽說在台灣，各路風水大師們都不願和他同台出現，因為他常常戳破別人的臉面，甚至會砸掉人家的飯碗。不瞭解他的人，很容易覺得他有失厚道。

和許兄相識，是在上海一個高端別墅的文化論壇，面對的都是些千萬級以上的銀行VIP客戶，他主講，我主持。起初，他的狂人風格頗讓我有些擔心——台灣媒體盛產狂人，人們司空見慣，但大陸客戶能否接受他呢？所以，那天的開場白，我是精心設計了的。為增加可信度，我特意講了許兄和各國政要的一些交往，說到日本前首相海部俊樹和橋本龍太郎都因為採納了他的命理意見得以競選勝出，而有一個人沒聽他的，結果倒了楣，此人就是——阿扁！全場哄笑……

場子熱度差不多了，許兄登臺。他一開口，果然火爆異常，麻辣味十足，憤世嫉俗溢於言表。質疑擁有頂級風水資源的帝王家的衰敗，批駁死算生辰八字者的片面，指出良辰吉日說的荒唐，抨擊名字命理說的荒謬……字字如鋼針般噴薄而出，幾乎一口氣，射向四面八方。似乎在他的眼裏，其他風水先生都是欺世盜名之「全民公敵」，當遭人口誅筆伐。而他像個憤怒的「鬥士」，就是要打破舊有迷信，捍衛科學真理。

台下一位年輕的VIP坐不住了，向我舉手發言說，怎麼這位大師倒像個純唯物主義者，科學家？不可思議！這位年輕新貴，其實是接受過去反封建迷信教育長大的，他顯然受習慣意識的影響，認為風水先生就是唯心主義，都是靠神秘莫測，故弄玄虛包裝出來的；且在大陸，風水師都是處於地下狀態，許兄這般說話的口氣，倒像當年破四舊、反迷信的宣傳員。故此，甚是詫異！

許兄「破除」了迷信，卻遲遲不見他的主張出現，台下質疑的人越發多了，眼看著一場「舌戰群儒」式的激烈爭辯就要開始了。為了控制情緒，我來了個急轉彎，提出讓大師在現場露兩手，以此服眾。

此舉收效甚好，立刻全場平靜，人們翹首以待。俗話說，「是騾子是馬拉出來遛遛」，大家都在想，是啊，你總說別人不行，那你行嗎？

我就勢把許兄拉到了台前，坐到了人群中。距離縮短了，說話就容易了。一個上了點年紀的阿姨率先舉手，請許兄照看，結果被許兄一語道破，說她早年受過大苦難，現在已經享福了，只見阿姨頻頻點頭；一位「女強人」剛說在事業上有些不順，許兄立即接話說是屬下有人作梗，又換來一頓首肯；一位先生趁夫人不在，悄聲問如何理順太太的脾氣，許兄如此這般地指點一番，那位照單全收，悉數記在小本子上；另一位美女企業家紅著臉提問，說最近想結婚，不知妥否，許兄仔細一問雙方情況，立時低頭沉吟，表示答案不能公開，請她會後單獨面晤……

幾個來回，旁人顏色多有緩和，氣氛活躍了起來，先前質疑許兄的幾位也加入了諮詢的行列，終於折服。再往後，許兄已忙不過來了。眾人熱火之時，我在一旁看得仔細。本以為對風水命理也略知一二，但許兄採用的一些方法卻實在令人難以捉摸，一會兒「形勢」，一會兒「理法」，有「相面」，也有「五行符鎮」，尤其是他運用紫微斗數，畫命盤十二宮，落筆如飛，令人驚嘆！整個過程，許兄面對諸多大題目，可謂兵來將擋水來土掩，十八般武藝樣樣精通，見招拆招，應對自如，簡直就是一場命理風水博覽秀。

二個小時，就這樣很快過去，在眾人信服的目光中，我們結束了論壇。下來，我問許兄，他究竟屬於哪宗哪派？他說他也無法確定。他這一生，從不注重流派，覺得任何流派都有一定道理，都有對命理風水的真知灼見，不過是從某種角度來闡釋世界的。如果能博取眾家之長，融會貫通，所得之道就能更加接近真理。所以，不管哪派，只要有用的他都會學，關鍵只看對精華與糟粕的取捨了。

到實際運用時，綜合分析，隨機應變，因地制宜，多向聯繫，才能取得奇效。所謂「思無常式，行無定法」。我忽發奇想，倒覺得津門大俠霍元甲的拳法名稱似平較為貼切，大師該為「迷蹤派」。

我又問他，何故如此憤怒？他說他真是急了！眼見各色人等鑽進命理圈中，隨便走捷徑學得一門，知道個皮毛就可以一招鮮吃遍天，同樣博得個大師的名號，引來信眾無數。但這樣的「大師」往往義理僵化，觀念絕對，理解片面，死學死用，關鍵時刻草草結論，收錢走人，等著你去驗證實效吧。研究風水命理，目的是為了趨吉避凶，這般不負責任，非但不能助人，反會大大誤人啊。想想這和圖財害命有何區別？他說，風水命理是祖先經過幾千年的驗證得到的寶貴財富，它絕不是拿來糊弄人的迷信，而是地地道道的科學。科學豈容迷信踐踏?!所以，他憤怒有理啊！

會憤怒代表有個性，個性又往往引來爭議，而爭議會造成兩個極端態度——極惡和極喜。我想，許公這樣的高人或許會有一部分人不喜歡他，但相信會有更多的人超喜歡他！

欣聞大師又出一本新書，且書中依然筆調犀利，駁斥諸多對風水命理的曲解，並對自己的理論做了進一步的闡釋，真正做到了正本清源，撥亂反正。為他高興，也為中國傳統文化高興！正所謂「有破有立」，才是一位大師真正的價值所在啊！

祝賀！

《文化中國》：今 波

2010年2月6日孤燈夜書於上海達堂

高下善美子 序

我來自日本國的琦玉縣，現在北京首都經貿大學華僑學院教書，兼四川音樂學院客座講師，因家母是中國人，故我對中國的傳統文化（國學）亦尤為崇敬，壯遊整個中國期間，有幸遇到這位來自臺灣的國學大師，國師、軍師、當代縱橫家、兵家、陰陽家許敬先生，奉為人生難得之良師益友。

在從事設硯論命的生涯中，不難發現到有人一生悠遊順遂，不但享有前人之基業，且能成當代之名利，不勞心而衣食自足，不費力而家計自成、橫禍不招；也有人出身富屋朱門，貴命之公子，及其長大成人，卻逢惡曜，猶如花被春霜、苗逢秋旱，以致財被劫，官受傷

而家道沒落，中年見傾；或有人年少窮苦，惆悵殘春，一旦時來運轉，譬如枯苗得雨，勃然而興。或當營財滿意，白手莊田、權尊鄉里，招貲財貴；更有人一生饑寒，垂髫艱苦，至老無依，縱有百藝多能，難免困於溝壑，淹滯無成。誠然皆「命」也！書云：「人命榮枯得失，盡在五行生剋之中；富貴貧窮，不出乎八字中和之外。」物既有榮枯，為人豈無成敗。是以時有春秋、月圓有缺、天道尚有盈虧，人事豈無反覆，窮通有命絲毫不爽也。

國學曾在中國大陸人拼命學習引進西學的同時，遭到拼命地貶低與拋棄，而在臺灣國學一直長久不衰，命理五緯之學，源遠流長。自秦漢以降，蔚為民間顯學，歷代名師輩出，佳話迭傳，對民俗文化影響至深且鉅。五緯數術之學，四柱八字推命之術，博大精深，浩瀚無涯。前人所遺著作，多詞艱義奧，不少人窮畢生之力鑽研，能窺堂奧者百不得一、二。晚近得印刷捷便之助，電訊傳播普及之賜，無數命理名家遂將其精心研習所得，結篇成書，一時百家爭鳴，百花齊放，形成命理之盛事。惜乎坊間談命之書，雖多佳構，然亦不乏魚目混珠之作，致令有志研習此道者，茫然不之所擇，而與「名書難得」、「名師難覓」之嘆！

與先生促膝長談關於人生哲理、生命價值、宗教信仰、易經、風水、命理、探金尋玉、修身養性及安身立命等諸多話題，把酒當歌、環顧華夏、感慨先生富有四海、神機妙算、先知先覺、胸懷天地萬物，滿腹「濟世經綸」乃當代劉伯溫、管仲，足智多謀的王者之師，獨領風騷二十年的國學大師。

做為國學大師，理論實踐相結合，許敬先生曾擔任過日本前首相的命理顧問，亦曾擔任過臺灣許多政治領袖之軍師，幫助多國總統打選舉戰，百戰百勝，當代商戰中，更顯其神力，留下佳話無數。一代儒雅謙沖之名家，早歲醉心五緯之學，博覽群籍，孜孜矻矻，潛研命理無數寒暑，造詣之精湛，數術之奇絕，享譽命理界已非一日。將他多年搜集整理的文稿與領悟造編成書，見解超俗啟人思想引致共鳴，我有幸先睹，捧讀之後，欣然命筆不揣淺陋，做簡略介紹，雖不能盡道其詳，然管中窺豹可見一斑，箇中韻味請讀者諸君鑑賞之，參透書中道理，定能幹出一番驚天動地的事業來！有詩為證：斗轉星移看陰陽，興衰成敗一盤棋，生老病死測禍福，聚散離合一場戲，山河變遷話五行，歲月春秋一首詩，古往今來問聖賢，孰主沉浮定東西……冥冥之中有定數。

高下善美子

己丑年十二月於北京

林向愷 序

記得在高雄市政府服務時，因業務需要將同仁的辦公室空間重做調整。調整前，有幾位同仁就來找我要求更換辦公室位置或重新規劃，理由很簡單，因為其辦公桌上有橫樑通過，對其升遷及身體會有影響。當時就告訴同仁，市府大樓構樑何其多，難道所有坐在下面辦公的公務員都因而犯忌、事業不順、身體不適嗎？這些同仁不能舉出市政情況下，遂轉而要求加釘天花板將橫樑隱藏起來。我還是不同意這項要求。假若橫樑是事業不順、身體不好的真正原因，釘天花板並不能讓頭頂橫樑的事實消失，最多只是看不到而已。最後，辦公空間調整方案依計畫執行，這些同仁的事業與身體亦未因此轉壞變差。

說這段故事，並非強調我完全不信風水和命理，而是強調人的命運若完全由風水與命理決定，好命的人不用努力就可榮華富貴一生，歹命的人無論怎麼努力此無濟於事，人的存在就變得沒有意義。我認為命理是試圖在人一生中，最確定亦最不能改變的事實（出生年月日時辰），與最不確定亦最可能改變的命運間找出統計關連，再從確定的事項去預測、掌握不確定的命運。

命理所談的不是生辰八字與命運因果關係，而是用確定的事實歸納出一些個人未來不確定命運中不易改變的現象。從這個角度切入，命理不應是鼓勵「不勞而獲」，命理更不應過分強調改運的有效性，讓人陷入怪力亂神之境。命理其實要我們瞭解到人的命運存在不確定性，受大環境的影響，這些因素並非個人可以完全掌握、控制甚至改變的。命理要個人「敬天畏神」，不是要一味認為人定勝天，清楚認出個人能力的侷限性。命理讓人瞭解到不是一個人的努力·就能完全保證任何事情都可以順利完成；缺乏天時地利人和，個人的努力亦有無法成就所有事之時。命理更要我們採取積極樂觀的態度去面對問題，而不是將可以解決的問題，變為不能處理或解決的困擾，讓人的一生都陷於追求改運、如何趨吉避凶的泥沼中。

吾友許敬兄將出版一本有關風水與命理之書，書中論點與我個人看法有不少相似之處。他要我為他寫推薦序，基於這本書非屬怪力亂神之類，遂提筆寫序。

臺灣大學經濟系教授
林向愷

目錄

國學中的五術

所謂「國學」就是由中國人發明，偉大且獨特的學問，五術目前在中國大陸也普遍被統稱為國學，就是一般人所認知的……山、醫、命、相、卜，這五種中國特有的學問。

山、醫、命、相、卜簡單解釋就是風水、中醫、算命、看相和卜卦，這五種學問在中國流傳久遠，也有其一定的影響力，但可惜至今只有中醫普遍被認同，其餘四種幾乎都登不上大雅之堂，一樣的傳統術數為何有如此差異呢？原因很簡單，除了中醫有其學術理論為基礎外，其他的術數都是眾說紛紜、各立山頭，從來沒有一套放諸四海皆準之論述，所以被知識份子所排斥，更被斥為迷信與不科學。

「五術」雖然流傳久遠，但也讓很多人有錯誤觀念和迷信思想，很多人以為改個好名字，人生就從此萬事如意，刻個好印章，往後的事業就大吉大利，找個好風水，子孫就飛黃騰達出人頭地，立萬世基業於不敗，諸如這種鼓勵人們不勞而獲，且充滿怪力亂神的術數，當然無法被知識份子所認同，所以要提升國學之學術地位，非得重新詮釋並賦予其科學觀，否則「五術」最後的命運，只有被時代潮流所淘汰。

既然五術中的山（風水）排在第一位，我們就先討論風水吧，以風水來說，傳統的風水理論總是強調風水有好壞之分，有吉凶之別。如果這種說法能成立的話，那我們不禁要問，為什麼中國的帝王都找最好的風水，最後卻都滅亡呢？

我們要再問，當這些帝王滅亡時，我們可曾看到那個風水救過他們的王朝呢？這種結論是不是意味著，任何皇城的建立，其實並沒有所謂風水好壞之分的，以北京紫禁城來說，明朝時，它適合盛極一時的永樂皇帝居住，卻不適合煤山自縊的崇禎皇帝。到了清朝，康熙皇帝居住時，國強民富，乾隆皇帝時，太平盛世，但到了光緒帝時卻是含恨而終，到宣統時代，更是悲慘到落得龐大帝國滅亡。一樣居住在紫禁城的帝王，為什麼會產生如此巨大不同之結局呢？多種不同的結局，是不是已經意味著，紫禁城的風水是沒有好壞之分的，它因人而異，看誰來住吧！

中國人迷信居家要南北向為最佳的方位，尤其是坐北向南更是風水寶地，果真如此時，那東西向的房子該怎麼辦呢？難道都要拆掉嗎？東西向的公司，沒有人發大財嗎？東西向的居家都是家宅不寧嗎？答案顯然不是如此吧？既然不是如此，為何還執意迷信呢？其實房子本身沒有好壞之分，吉凶之別，一切因人而異，甲住的很舒服的房子，換乙來住可能很不平安；丙做生意很賺錢的店面，換了丁來開店，卻是倒閉收場。這種因人而異的結果比比皆是，也間接證明房子的風水沒有好壞之分別。

人在地球立足，本身就與大自然磁場相感應，但大自然不會因為某一個人而改變其運轉之立場，更不會讓某一個人獨享大自然之恩澤，人只能去適應大自然，無法改變或超越大自然。

例如太陽照到眼睛，眼睛會睜不開，我們無法叫太陽下山，只能改變自己和太陽的磁場，轉個彎或戴上太陽眼鏡，或者躲到屋簷下，因為自我的改變，就改變了與太陽的磁場互動，於是陽光不再直射眼睛，此時眼睛就能睜開，這種結果表示磁場是由人自我改變而有所不同，人要自我調整與大自然的結合和互動關係，才能讓自己活得自在，絕對不是大自然來屈就人，所以大自然沒有所謂的好風水，好風水是看個人如何去尋找與大自然的和諧互動關係。居家與辦公室之風水好壞，取決於個人感受，個人感覺是最重要的關鍵。

每個人磁場不同，不同的人住同樣方位坐向的居家或辦公室，也會有不同的效應產生，不能一味的迷信房子本身的風水好壞，任何房子只要能找出對自己最好的磁場，找出對自己最好的方位，住什麼方向的房子，坐什麼方向的辦公室，都是最適合你的居家和生意場所，不必迷信錯誤觀念的風水！

所謂的風水，就是地理，古人喜歡尋找好風水埋葬祖先，期待好的風水能帶給子孫好運，這些人誤用風水這門精深學問，以為找個好風水，富貴榮華垂手可得。迷信地裏可以改造命運的人，要先瞭解天地之間的運轉是相輔相成的，明代大儒朱熹說：「天理不存，地理何在？」這句話真的值得我們深思，如果一個人做事喪盡天良，違背天理，必將受天之報應，想靠好風水庇佑其子孫，任憑其有再多的財富和再高的官位，也無法世世代代榮華富貴，任何風水也無法幫其守住萬世基業。

朱熹說：「說空說空說空空，指南指北指西東，山中若有王侯地，快快回家葬祖宗」，這首詩更是對迷信好風水者當頭棒喝，他的意思是：這世上若有不勞而獲的好風水，風水師趕緊回家去葬他們的祖宗，其子孫必定世世代代榮華富貴，何需再推銷給別人呢？所以如果我們本末倒置，一味尋龍點穴找好風水，而忽略了做人處世之準則和人與天地之間的互動關係，富貴榮華都將只是過眼雲煙罷了！

風水新解

大家都聽過風水，但什麼是風水，很多人應該是一知半解，且這半解還不一定是正確觀念。風水顧名思義就是風與水。風與水都是大自然界的產物，所以也可以得知這門學問談的是大自然所產生的變化，再從大自然的演變，進而產生與人的互動關係。古人認為，人受大自然影響，無法超越大自然，只能去適應大自然。所以這些探討人與大自然，如何共生的學問蘊孕而生。用大自然的定義來說，風居上水在下，上為「天」下為「地」，人要敬天畏地，所以形成所謂的天地乾坤。用人類生存條件來論，風是空氣、氣候，水是飲水，人要生存於世，空氣與水兩者缺一不可。若對個人身體來說，風是呼吸系統，水是血液循環。當一個人呼吸順利，血液循環順暢時，身體自然而然就會健康，因此這就是大家認為風水影響人的緣由吧！

談到「風水」，必然會談到什麼環境之下才是絕佳風水寶地，不只最適合人居住，也最適合往生者埋骨之所。傳統風水學幾乎是千篇一律的左青龍、右白虎、前朱雀、後玄武。然而這風水中最主要的四個必備條件，在大自然的地理環境下，又表示什麼涵義呢？若用現代人的眼光來解釋，「青龍」就是水，「白虎」就是路，「朱雀」是寬廣的平地，「玄武」就是山，當這四個條件都具備後，對人類生存又會產生什麼影響呢？

古代的人依山傍水而居，「水」是生存的必備條件，「山」則是供給日常生活必需的食物和柴火。打獵、砍柴皆從山裏獲取，所以將山視為提供食物的來源所在，因此對山非常敬畏與依靠的，這就是「靠山」二字的由來。當獵物、柴火的數量，多過平常家庭生活所需時，就要找個空地曬乾以便於儲藏，但要曝曬物質之前，必須尋找一個寬廣的空地，此時的空地就是風水中所謂的「朱雀」，曬乾後的生活物質，有的是等到寒冬食物缺乏時自用，有的則是運送到外地以物易物，或者去販賣，要將物質運送出去，就要靠水路的船運和陸路的運送，因此風水學中的「青龍」與「白虎」於是誕生。具備了這四大條件的地方，生活安定富庶，大家爭相搬去居住，就是我們所稱的好地理，進而稱為好風水了。

既然四個因素都是人類生存的必然條件，四種條件的排列組合，一定要按照傳統風水學的理論，水（青龍）一定要在左邊嗎？空地（朱雀）非得在屋前嗎？馬路（白虎）只能在右邊嗎？山（玄武）也一定要在後面嗎？如此格局才能稱為好風水嗎？答案應該不是這樣吧。現代很多大城市根本沒有山也沒有溪流，那又該如何呢？現代的城市人，並不靠農耕而生存，所以沒有山的大城市，不一定就是壞風水，沒有河流更無關緊要，因為水源從遙遠的地方，用水管輸送到家家戶戶的水龍頭，打開水龍頭自來水滾滾而來，況且，絕大多數的現代人已經不需要靠船運運輸了，有沒有空地曝曬生活物質，更是無所謂了，因為食物的來源充足，家家戶戶也都有冰箱儲藏食物了。現代人需要的好風水已轉變成：交通順暢、飲水乾淨和空氣質量良好的地方，這些基本條件成熟的地方，就是所謂居住的好風水吧！

剛才所說的青龍、白虎、朱雀和玄武，我們都知道這是大自然提供給人類生存必備條件，是屬於大家所有的，然而，偏偏有人不信邪，想佔為獨有，想將大家擁有的福份，只能他們一家獨享。於是帝王們尋全國最好的風水，地方權貴與富豪，找地方上最好的風水，個個爭相尋龍點穴。古代帝王們以為他能奴隸全國所有百姓，號令天下，以天子之尊的地位，必然也能駕馭大自然，所以天地之靈氣應該為他們所用，於是尋最好的風水，建築居住的皇宮，找最佳的地方，構建死後的陵寢；權貴與富豪們以為他們是地方之霸，富貴凌駕於他人，所以地方上的所有福氣，更應由他們所擁有與獨享，於是風水之說不逕而走，大家搶破頭，尋找最好的風水，但最後的結果又是什麼呢？答案是：中國的王朝，一個接一個的滅亡，權貴與富豪的榮華富貴不過三代。從這些歷史經驗告訴我們，想靠風水庇佑自己與子孫，沒有一個人能得逞的。

既然好風水是大家擁有的，所以絕對不會只為某一個人服務的，大自然的環境不會只影響某個人，會影響個人的，應該就是大自然界的磁場，尤其受日月影響最大，太陽主宰光合作用，月亮影響潮汐，

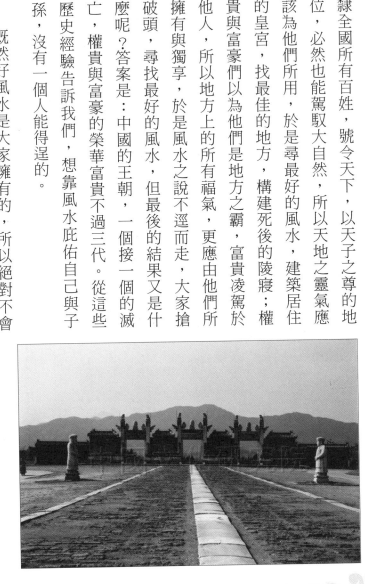

缺少這兩個星球，人類必然無法生存於地球。現代人所說的磁場相吸與相斥，和古人所說的五行相生與相剋的道理相同，人無論在自然界的大空間，或在居家與辦公室的小空間裏，每個人都與宇宙間的磁場產生互動關係，也就是五行生剋的互動關係，所以居家或辦公室原則上都沒有風水基本上的好壞之分，風水的好與壞都因人而異，看誰來居住誰來使用吧！當居住人的五行與房子的五行相生時，對居住的人來說就是好風水，當辦公室與使用人的五行相剋時，答案就變成相反的，由此可推斷，五行中的金、木、水、火、土過多與不及都影響我們每個人，所以磁場與五行對人的影響，遠遠超過所謂的風水，因此要改變的是五行生剋關係，而不是風水是好是壞的問題。

我們必須瞭解「風水」是屬於大自然界的產物，人要去適應大自然，而不是要大自然來配合人。每個人磁場都不相同，要找出最適合自己的方位與磁場，必須要有個人條件，如生辰八字或個人外表長相。生辰八字與外表長相都有其五行特徵，從個人特徵中可以找出自己最好的磁場與方位。所以談風論水時，必須也要懂一些命理學，命理談個人運勢，風水論大自然環境，若將「命理」與「風水」搭配，有如將人與大自然結合，這樣才可以將人與大自然配合的天衣無縫。

磁場

風水，雖然是談論人與天地之間的學術，一般人都以為風水只是探討陰陽宅的學問。但我從不認為風水只是狹義的探討陽宅和陰宅，它有更廣義的內涵。風水是天地間大環境的結合體，它最重要的理論精神，就是談大自然空間中的磁場效應。這磁場效應探討的是人與大自然間微妙的互動，且這個「人」字，指的是活生生的人，絕對不是指往生者。因為人死後，屍骨是沒有磁場感應效應的，所以上至帝王的陵寢，下至一般凡夫走卒的墳墓，對後代子孫沒有任何影響的。因此我們不曾看過，哪個風水曾經救過帝王們的王朝，也不曾見過哪個風水讓某某家族千秋萬世。任何磁場的反應，都只針對個人而產生，不會去影響另外一個人的。所以找所謂的好風水好磁場，頂多是影響個人，不會對子孫有所庇佑的。

談到大自然磁場效應，不得不談大自然的空間。大自然空間是無限寬廣的，這個空間就是現代人所說的宇宙。宇宙的空間又包括大空間與小空間，任何空間都無時無刻與人產生互動。若用科學觀點來討論居家的風水時，其實就是在探討人與居家的磁場互動關係。居家附近的大環境就是大空間，我們居住的地方是小空間。以居住的社區來說，小區就是大空間，小區內每棟大樓是小空間，當我們把整棟樓視為大空間時，我們所居住的各樓層和樓層中的屋子就是小空間，這就是大宇宙與小宇宙的區分方式。

一棟大樓裏有很多住戶，若要區分成大小空間，大樓是大宇宙時，每個住戶的房子就是小宇宙。大宇宙會控制著小宇宙，而小宇宙則永遠無法超越大宇宙的。傳統的風水師，認為風水不好的房子或辦公室，可以用改變居家或辦公室的大門方位，進而改變風水好壞的主張，在磁場理論上是行不通的。

為什麼我說大宇宙會控制小宇宙，小空間永遠無法超越大空間。又大膽的提出，傳統的改門換方向而想改變風水的理論是行不通的呢？一般人都會以為房子的大門若改變了方向，不就等於是改變了房子的磁場或風水了嗎？這種說法好像很有道理，其實是錯誤觀念也。

假設一棟大樓遇到地震，突然間在大樓底層斷了一根大柱子，這時整棟大樓馬上成為危樓，住在這棟大樓的住戶，無論是住哪一樓，或者大門是朝哪個方向的，是否通通要搬走呢？平時住戶若改變住家大門方向時，這種小工程，根本不會影響整棟大樓的結構。但當大樓的樑柱遭到破害時，此時就會影響大樓裏任何住戶，所以這也是大宇宙和小宇宙之間的互動關係，也就是大宇宙控制小宇宙的明證。所以要挑房子的坐向，遠不及挑大樓的坐向重要。

人無論在大空間或小空間，都會受到宇宙間的磁場感應。在戶外我們受陽光、受放射線影響，在室內，我們也一樣受放射線的干擾。有的放射線，呈現穩定的徵兆，所以已被科學家定名，有的難以捉摸，只知其存在於宇宙間，卻還無法將其定位。這些射線在室內，肉眼無法發現，所以對人的影響雖然是無形的，但我們卻可以感受到的。當陽光直接照射眼睛時，我們會很自然的睜不開眼，這是由於我們清醒時，對射線的反應比較靈敏。當我們睡覺閉上雙眼時，我們對射線的感應就沒知覺了，若長期受到不良的射線干擾，對身體健康會有很大影響，有的時候難以入眠，有的時候顯得焦躁不安。所以與其說好風水會帶來財運或榮華富貴，不如說會帶給我們健康的身體才是正確的觀念。

我們常會發現在同一個室內空間裏，坐在某一個方向時，感覺很舒服很沉穩，坐在同一空間的其他地方時，卻感覺不自在與毛燥……等不同的反應。這種情形也常發生在日常生活中，這種反應，其實就是人與磁場的互動關係。當我們在居家或辦公室時，無論是居住或在工作時，對室內空間感覺舒適且滿意，這就是所謂的好風水，反之，就是不好的風水了。風水的好壞，其實取決於每個人不同的感受。因此我們並不需要在乎房子或辦公室的風水，而是要注意自己待在屋內時的感覺。

談論風水與磁場時，我一直主張，房子沒有所謂的好壞，要看誰來住誰來使用而定其好壞，就是以這種個人感應不同的結果為基礎，進而成立的風水新理論。我堅持要先以個人為中心，去發掘人在大自然的環境裏，所展現的磁場互動關係後，最適合哪個方向。在大小空間中，最適合哪個磁場，住在什麼樣的屋子最安逸，睡什麼方向最健康，使用什麼樣的辦公室最適合，坐在哪個方位最舒服。這些種種論述，都是以個人為出發點，而不是傳統風水學的認定，哪棟大樓或哪個辦公室是好風水！

不只是大自然界存在著大小空間，或有大宇宙與小宇宙之分，人也有相同的狀態。以個人來說，人就是大宇宙，手、腳、大腦和任何器官都是小宇宙。舉個例來說，要拿起一件東西，可以指揮右手或左手去拿，也可以要左腳或右腳去夾起來，大宇宙永遠是小宇宙的主宰。

當我們處在空間中最佳的磁場與方位時，身心、體能和精神都會處於最佳狀態，自然而然就會身體健康，精神狀態良好。在任何的空間中，由於都有五行（金木水火土）的存在，只要把人與空間的五行互動，調整到最佳的平衡點，任何居家和辦公室，都是屬於自己的好風水。在大自然界，我們是永遠無法超越的，我們只能學習去適應大自然。要適應大環境，需要我們自己調整與改變。改變自我才是尋找好風水與好磁場的最佳方法。

方位

人生在世，任何人都想追求平安幸福與富貴榮華。要生活的好，又要有成就，這是人人的夢想。要達成目標，除了需要有良好專業教育培養外，努力和生活磨練也是不可或缺的。然而，就算具備這些基本條件後，並不表示一定會成功的，原因無它，缺少好的機運和天分也。君不見各領域中的出類拔萃者，幾乎都是兩三分努力，另七八分天分嗎？其實要成大就的人，不只是努力和天分，還有一個最重要的因素，那就是所謂的「機運」。努力與學識的培養，是人為因素，誰都可以往這方面行進，但「天分」和「機運」卻不是人人可得。

天分是先天具備的，不是後天可以養成的，瞭解這道理後，我們要成功只能靠實力了，但有真實的實力當後盾，也不保證此去一定成功。因為大富大貴是天命，不是有智慧或努力就可以達成的。俗話說：「大位不以智取」，就是印證「命裏無時莫強求」這句話。沒有天命是屬於無可奈何的，誰都只能接受這天意。然而，若沒有智慧又沒有好機運，我們要怎樣才能成功呢？難道缺少這些條件的人，就永無出人頭地的一天嗎？我個人認為倒不必妄自菲薄。俗話說窮則變，變則通，若能在居家與工作的地點，妥善利用大自然的磁場，利用自然界無形的力量，助我們一臂之力，將自己調整到最好的機能，雖不能大富大貴，也能小富小貴，名列成功者的行列。

要調整自我身心機能達到最佳狀況，其實可以靠人與空間的磁場互動關係來運作的。這話怎麼說呢？聽起來很複雜，其實道理很簡單。

無論我們在什麼格局，或空間大小的房子和辦公室裡，其實，任何人都可以找到最適合自己的方位。以居家來說，首先找出自己睡覺的最佳方向，臥床依照

自己最佳方向排列，找對了磁場，睡覺就會安穩，且不會受不良射線干擾，身體自然就健康，身體健康就有打拼事業的本錢。再來就是找出自己居家時，坐哪個方向最好，將常坐的椅子或沙發，放置到最適合自己磁場的方向，長久下來，吸收自然界無形的能量，將這些能量，化為我們的助力，人會時時刻刻，感覺自己精神穩定，身心愉快，這些都是利用自然界讓自己健康的法則。若要發財，事業成功，則要以辦公室或營業場所為主。辦公室的格局，或營業場所空間的大小，並不會影響磁場對人的感應，只要將天天需要坐的辦公桌，轉到最好的方向，隨時吸收大自然的能量，以磁場學來看，一個人若隨時受到良好的磁場感應，在事業上就有無形的助力。

前面所提供需的方法，以我個人來說，這些年來，用於何人都略有成效。因為都是二十年來，無數次經驗累積所得，或者是我本人體驗而來，僅提供給各位讀者參考。

房子的風水

研究風水與命理多年，偶爾，我也會去聽聽風水或命理大師們的演講。但在風水方面，任何一位大師，都把房子的風水以好壞看待，依大師們的說法，好風水的房子，對人的成功是有很大助益的，壞風水會讓人失敗的，然而事實卻不是如此也。

走過幾個大城市，我深深感覺，絕大多數的中國人對南北向的房子和辦公室情有獨鍾，也迷信南北方位的房子才是好風水，其時這種觀念需要改變和調整，不是南北向的房子都是好風水，東西向房子也不差的，南北向房子不向陽，缺少陽光的照射，其實是比較陰深的，東西向的房子，不管是太陽東升或西沉，當陽光照射進房子裏，不僅光線十足且具有殺菌的效果，用現代人眼光來看，這種環境比較陽光比較健康，反而比較適合人居住的。

選擇居家的房子和辦公室，我不認為有所謂的好風水，應該以個人感受和磁場的相吸和相斥為準則，風水是大自然形成的條件，適用於絕大多數人，磁場卻是每個人不同的感受，某甲居住的房子很舒服很平安，換了某乙來居住，卻感覺不舒服；某個店面陳先生開餐廳大賺錢，換王小姐來做生意，卻是關門大吉，一樣的房子一樣的店面，因為居住和經營者不同，會產生完全不同的結果，此時並不能斷定房子的風水是好或是壞，應該是個人與房子的磁場感應不同，有這種基本認知後，我們更能瞭解一個房子的好壞，是由人與房子的磁場產生之效應所影響。

以北京故宮來說，也許很多人會說，這是全中國風水絕佳的寶地，否則怎會被明清兩朝選為皇城之地？但我個人卻完全不同意這種說法。當明朝永樂皇帝居住在北京故宮時，鄭和

七次下西洋宣揚國威，但這皇宮卻不適合自縊於煤山的崇禎皇帝居住。這皇宮適合，在位時兵強馬壯的清康熙皇帝居住，也適合國強民富的乾隆皇帝居住，卻不適合飲恨瀛台的光緒皇帝，更不適合國破家亡的末代皇帝宣統居住。這些活生生的歷史典故，已經很清楚的告訴我們，皇宮本身並沒有好壞，哪一個皇帝居住時，才是決定其好壞的最重要因素，這種說法相信絕大多數的人可以接受吧！

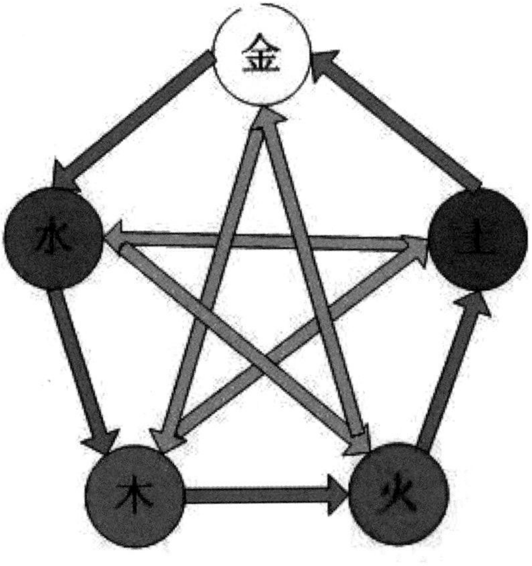

談到磁場，就必須談到中國人所說的五行，任何空間都有東、西、南、北、中五個不同方位，也就是都有五行中的金木水火土存在，大自然的空間和人們所居住的房子都不例外。當人與空間的五行不調和時，就會產生排斥或感覺不舒服的反應，五行相生順暢時，給人的感受是美好、愉悅的。在一個美好的環境中居住或工作，很自然的會帶給人健康、快樂的心情，有了健康的身體和快樂的心情，在事業上賺錢並非難事。所以空間對人的直接或間接影響，會漸漸的左右人的身心和事業。因此探討房子風水時，房子與個人的磁場互動，才是最需要注重的。

所謂五行就是金、木、水、火、土五種。五行生剋中會產生金生水、水生木、木生火、火生土、土生金的相生作用。由於世間事都是兩面刃，沒有只存在好的一面的，當好的一面出現時，同時也會有負面效應產生。所以五行中也同時會產生金剋木、木剋土、土剋水、水剋火、火剋金等相剋之互動關係。當一個人與空間產生相生或相剋的情形時，其實就是五行生剋在作崇。先找出每個人在每一個空間時的五行過多與缺少，將過多的五行減弱，缺少的五行補足，五行的排列組合達到最佳平衡點時，人就會健康平安。有健康的身體和平安愉悅的身心，事業要成功就不是一件困難之事了。

室內格局與擺飾

常遇到朋友問起，進家門看到廁所不吉利嗎？臥室的門對著浴室大凶嗎？床頭靠著窗戶會不平安嗎？客廳對著廚房會出事嗎？甚至家裏的擺飾會影響人嗎？這些問題往往困擾很多人。

其實進門對著浴室、廁所都無關緊要，客廳對著餐廳也無所謂，因為這都是室內格局，不是屋主能輕易更改的。且這些格局，並沒有五行的存在，所以對居住的人不會產生影響，有影響的只是礙眼罷了。至於居家擺飾，則要看這些擺飾是屬於五行中的哪一種，才能決定其對主人的影響。因為人都有五行中的屬性，萬物也有五行，會產生互動關係，只不過是五行強弱之分而已，五行不強則對人的影響幾乎是沒有的。

居家要舒服與平安，首重方位與磁場。任何人生存於世間，無時無刻都要與大自然的磁場相對應，因為不同的方位，受到大自然射線與磁場的干擾就不同。所以睡什麼最佳方向，坐什麼最佳方位，才是我們要重視的。家具擺飾雖也有五行，其對人的影響則要視其為何物而定。舉個例來說，當室內的水氣太多時，會顯得很潮濕，此時若適當放一些室內樹，則可以化掉水氣。因為水生木時，水氣會被木所吸，進而化掉水氣，不僅室內潮濕會減弱，樹木有充足水分也會長得茂盛。水與木各得其所，會讓居家感覺舒適。反之，木材製造的家具，因為是沒有生命的木頭，當它吸了過多水分時，它無法化掉所吸收的水，木頭則會開始腐爛。這就是五行生剋基本原理。若室內水氣太旺，家裏又放置金屬的擺飾，這時會產生金生水的五行相生情形，此時室內的水氣不僅無法化解，反而會讓水分更充足。當水分過多時，對人的健康就會產生影響。稍具有醫學基本常識的人都明白，太潮濕的居家環境，

得到風濕病的機率是非常高的。

居家或辦公室內若放置很多石頭，會不會影響人呢？答案是肯定的，只是影響有好也有壞，完全因人而異。若以五行屬金的人來說，居家或辦公室放置石頭，因為石頭在五行中屬土，此時變成土生金，這些石頭就對此人有助力，可是物極必反，過多則不利。土雖然可以生金，但若土太多時，變成「土多金埋」，金無法被挖掘，變成英雄無用武之地了。

一般來說，五行中的火可以生土，並不表示任何火都適合生土的。若火太旺則形成「火旺土焦」之格局，燒焦之土不成料。再者，水可以生木，但當水太多時，則又產生「水多木浮」的格局，浮木腐爛不成材。從這些例子的說明，我們瞭解萬物的相生與相剋，都有其量化的限制，有助力也必有破壞力，也應驗俗語所說：「福禍相依」的自然規律，量少了則發揮不了作用，量過多則產生反效果，這都是研究磁場學中不可忽視的原理，不僅要找出個人的最佳磁場，最適合的方位，更要追求人與空間中的五行生剋的完美，這才是我們研究風水學的終極目標。

每個人都有不同的磁場

家，到底有沒有家運呢？這是很多人都關心的問題。同樣的屋簷下，全家人的命運往往差異非常大，父親好運時並不表示媽媽和孩子都會好運。哥哥賺錢不表示弟弟也能發大財，爸媽都健康的同時，兒子卻得了重病。家人同住一個屋簷下，卻產生種種不一樣的運勢，這種結果是否可以證明家是沒有所謂家運的。

很多人買房子要找風水師看風水，不外是想追求全家人的平安與發財。但房子的風水就算是大家公認的好風水，就能達到這樣的要求嗎？答案好像不是如此也。我們常看到一個家庭的成員，爸爸一切順利時，媽媽卻發生意外；兒子考試輕鬆過關，女兒卻讀書考試皆不順利。有的父親事業有成，事事如意時，兒子卻出意外受傷；有人發大財的同時，婚姻卻出狀況。為什麼居住在同樣的屋簷下，答案卻是這樣的不同，好壞運常常同時一起來，道理何在呢？其實道理很簡單。每個人的磁場感受力不一樣，就算住在同一個屋子裏，也會產生不一樣的效應。

相信風水會影響人的屋主，找人看風水時，往往疏忽了家庭裏的每一個成員，都有不同磁場。若要家庭成員個個居住平安，就必須找出每一個人最佳的磁場方位，進而與房子搭配，這樣才能達到預期的效果。一棟房子要居住許多人，絕不是以其中一人的方位為準的。若不想找風水師看風水，想要確定居家的風水對自己是好或是壞時，走進屋內的那一剎那的感覺，是非常重要的。當感覺舒服時就是人與屋子的磁場相吸，也就是所謂的好風水，反之，當感覺不好時，就是人與屋子的磁場相斥，也是我們所說的壞風水。有一個試驗很簡單，大家不妨試試看，放一隻烏龜進屋裏，看烏龜往哪跑，讓烏龜待上一天後，將烏龜放到屋外一段長時間，半年甚至一年後，再將烏龜放回屋裏，烏龜依然會往先前的地方去。在磁場學裏，這就是最適合烏龜的方位，動物比人有靈性，能自己找出對它最好的方位，至於人就只能憑自己的感覺了。

從很多歷史記憶中，我們瞭解，古往今來幾乎任何王公貴族、富商巨賈，甚至是社會上稍有成就的人，為守住不容易得來的富貴榮華，個個想從陰宅或陽宅下手，寄望於尋龍點穴能為其祖業帶來代代興盛，進而保住其家族榮華富貴。然而歷史也告訴我們，這些想法都是不切實際，世上沒有任何一個人能夠達成心願。誠如中國老祖宗所說的：「兒孫自有兒孫福」，這句話有兩種涵義，一個是告訴我們，子孫自有其命運，不是祖先能掌握與操控的，所以不必為兒孫的前途操勞。另一個意義是，每個人有不一樣的磁場與方位，對祖先來說是非常好的陽宅或陰宅，對子孫來說可不一定是好的，所以不用為子孫找好風水。經驗告訴我們，任何想靠風水保住江山和成就的帝王與貴族們個個滅亡，富商巨賈傳不過三代，再偉大再有成就的人，都會在時代的洪流中，消失無蹤而歸於沉寂。

天理不存，地理何在

非是時師眼不開，福地等待福人來！量也，福也！

俗語說：「福地福人居，福人居福地」，這兩句名言，到底應該是先有「福地」，然後再有「福人」呢？還是先有「福人」以後，再出現「福地」呢？常聽到有人爭論這個問題。

依我個人的觀點來說，應該是先有福人再有所謂的福地出現。因為以「地」來說，原則上並不分好壞，而是適合誰來居住。某塊地適合某人居住，不一定就適合另外一人居住，以適合居住的人來說，這塊地就是所謂的福地，而對不適合居住的人，這塊地就非所謂的福地了。如果說先有福地再有福人，那麼就產生了「地」有好壞之分，到此福地居住的人，就統統變成有福氣的人了。顧名思義，所謂的福人，就是有福氣的人。如比一來變成福地造就人成為福人，而非個人努力造就本身的福氣，也因此，產生了人們一窩蜂找福地，而忽略了自身的條件。

如果換個角度來論，若是先有福氣的人，再而因其居住才產生福地，這種說法比較合乎情理。因為一個自身條件被公認為有福氣的人，就算他隨便找個地方居住，還是不會喪失他所具有的福氣的，更不會影響他的命運。他們所居住之地，自然而然的就成為眾所公認的福地了。反之一個自身並不具備福氣的人，就算有大家公認的福地，讓他來居住，也不見得一切順利、事事平安。如比才能讓人體會，自身的條件遠勝過外在的力量。成功的背後，決定於個人的努力和機運，絕對沒有不勞而獲的。

迷信風水的人，認為只要找個好房子居住，凡事大利大吉，功成名就。只要找個好風水埋葬祖先，往後子孫個個飛黃騰達出人頭地，所有世間的好事，皆會降臨在他們家族身上。如果這種不勞而獲的心態能成為事實，那世間上就存在不公不平，天地間就存在不仁不義。因為富貴人家，根本不在乎花那一點錢來尋找所謂的好風好水，而且只要花一些錢，就能讓其子子孫孫，永享人間榮華富貴。如果真有其事，那貧困人家因為沒錢請大師尋找好風水，他們的子孫必無出人頭地的一天，也永遠沒有從布衣到卿相，從貧困到巨富的機會了。

事實又是如何呢？多少富賣人家的子孫，一樣會失敗、沒落，而多少貧寒子弟，一樣可以功成名就、出將入相。成敗之間到底是受個人因素左右結果，還是受風水地理影響呢？老天總是有眼的。

古代帝王，個個找尋最佳風水埋葬，以利其子孫能建立萬世基業，結果落得一代不如一代，甚至最後都是滅亡的下場。由於滅亡的因素，決定在個人的才華與行為，帝王個人的作為，往往決定其霸業的興衰。人為的因素決定帝國的未來命運，由於這些帝王的昏庸、暴政與無能幾近相同，於是他們滅亡的命運也相同。昏庸、暴政與無能是他們共同的選擇，也是最重要的人為因素，與其祖先風水無關，再好的風水，也挽救不了他們滅亡的命運。

所謂的風水，就是地理。迷信地理會改造命運的人，要先瞭解天地之間是相輔相成的。俗語說：「天理不存，地理何在？」這句話值得我們深思，也是人們行為準則最好的註解。因為一個人如果做事喪盡天良、違背天理，任憑其有再大的官位再多的財富，也無法世世代代榮華富貴，任何風水地理更無法助他守住萬世基業。如果本末倒置，一味尋龍點穴，而忽略了做人處事的行為準則，富貴榮華只不過是過眼雲煙罷了！

常見一些富貴人家第二代或第三代子弟，為求守住父祖輩所留下之基業，而找大師尋龍點穴。不知他們是否忘了，當其父祖之輩在打天下之時，成功的背後，是多少個人的努力與把握機會，並非風水的庇蔭。如今他們反而背道而馳，相信風水可以改造命運，可以守住事業。這種行為，其實是對他們的父祖之輩最大的侮辱。人的福氣與否，全靠本身的修為而來，無論今生或來世，這些修為都影響每個人的命運。子孫的成敗，全靠他們個人的行為而定，任何風水都無法左右的。

總結前面所述，我們可以歸納出三個結論：（一）：如果有風水的話，就是鼓勵人們不勞而獲，人不用努力就可榮華富貴。（二）：如果有風水的話，中國的帝王就不應該滅亡，因為他們都找全中國最好的風水。（三）：當中國的帝王滅亡時，可曾見過哪個風水救過他們的王朝？既然風水救不了他們的王朝，那尋龍點穴又有何用呢？

研究陽宅風水的朋友，只要來到我在臺北的辦公室，必定大搖其頭。因為我的辦公桌所坐的地方，上面有一根很粗的樑柱橫跨而過，後面有一排窗戶，這種格局，在傳統的風水專家眼裏，是犯了風水學大忌，且很不吉利的。

據說，辦公室座位上方有樑柱，人會感受到樑柱所帶來的無形壓力，長期下來對事業對身體方面都會有不良影響的。另外，背後有一排窗戶，在風水專家眼中這種構造表示事業上沒有靠山，事業會呈現不穩固之狀態，且有事業失敗之憂慮。於是有朋友建議我把辦公桌轉個方向，躲開後面之窗戶，無靠的情況就會自然消失。也有人建議釘個天花板將樑柱隱藏起來，這樣壓力會減少，對身體與事業有很大幫助。更有人說乾脆換個辦公室，以求一勞永逸，免的以後後患無窮，後悔來不及。這些人對筆者辦公室之方位與格局的結論，都是此辦公室不吉不利，屬大凶之格局。

很多人的建議並不被我所接受，我總是覺得這種論述沒有科學依據，純屬無稽之談。況且我在這辦公室已經待很長時間了，雖然這些年來沒有給我帶來大富大貴、大吉大利和萬事如意，但也沒有帶給我天災人禍，或者諸事不順的遭遇。且待在這辦公室時，我個人感受是蠻舒服自在且溫暖的，所以尚不構成需要換方位或更換辦公室的理由。

我常思考，若釘個天花板，把上面的樑柱隱藏起來，如果是為了美觀為出發點，那無可厚非。若是為了風水觀念要趨吉避凶而釘上天花板，則大可不必，因為即使有了天花板，樑柱一樣在我坐位上面，並沒有因為天花板而消失無蹤。這些都是個人心理作用吧！另外窗戶在座位背後，就是風水中所說的「無靠」，坦白說，我不太理解何謂無靠，且這個靠字所表示之意義是靠什麼呢？難道凡事要靠別人而不是靠自己嗎？要依靠別人或要有靠山，我們立身處事才能成大功立大業嗎？這種說法我不能認同。

辦公室或辦公桌的磁場和方位之所謂好壞，應該不是樑柱與窗戶所決定，而是每一個人自己在這個空間中所感受而定。方位與磁場都因人而異，人在不同空間會產生不同的磁場互動。磁場講究五行（金、木、水、火、土）的相生與相剋，在任何空間裏，都會有五行過多或缺少的情形發生。我們只要能掌握人與自然界的五行相生相剋原理，將多餘的五行去除，將缺少的五行補足，我相信任何辦公室都是好方位好風水。

每年歲末年初，都有陽宅風水專家說，新的一年裏大利哪個方向的房子，又不利哪個方向的辦公室。以上海來說，東西南北向的房子辦公室都有，當同一方向的整排房子，如果是風水專家所說之大利方向，是否住這種方向房子的人，居家就個個平安？事業就個個飛黃騰達呢？而住不利於當年方向的房子

的其他人，就個個諸事不順，大難臨頭嗎？然而事實真的如風水專家所說的這樣嗎？聰明的讀者心中自有一把尺吧！所以要研究傳統國學，或對國學有興趣者，當你接觸國學時，至少要具備現代人的科學眼光，與判斷是非之能力，否則遲早會被江湖術士的危言聳聽所嚇死！

雖然，我個人不相信「人定勝天」這句話，因為世間事有太多太多事充滿變數，是我們所無法掌握的，且人也無法違抗天意。但是我卻深信「事在人為」這句話，凡事要有自我思考與判斷能力，一切事業之好壞成敗，都是由個人的選擇來決定其結果。個人的選擇決定未來的命運，由於每一個人都有選擇的權利，所以選擇怎樣去做之後，所發生的最後結果，都由自己享受或承擔，事業成敗絕不是辦公室、辦公桌可以左右的。

術法無罪，罪在人心

近年來，臺灣電子媒體開放，一向見不得人，無法登大雅之堂的風水命理，也興起上電視接受觀眾來電的現場問答節目。從觀眾所問之問題，概略可知，這個社會有很多人視風水與命理為迷信、不科學的數術。但是將命理與風水的指引，奉為人生行為準則者，也不在少數。依我個人觀點，若以一句科學或不科學來形容命理，那將不是容易的事，永遠也爭論不休。無論信與不信者，在確立本身立場之前，又有多少人對命理曾經深切的去探討與瞭解呢？認為風水與命理有其可信度者，絕大多數以為，風水與命理這兩種數術，既然能流傳那麼久遠，必有其學理依據，否則早被時代潮流所淘汰了。但又有誰能冷靜思考，其中究竟有多少不符合常理與邏輯的推衍呢？尤其在推衍過程中，又充滿著多少不盡情理和不現實的觀點？就算最後的答案，符合事實之結果，這種風水與命理，又有幾分的可信度？

排斥風水與命理的人，認為這種數術不科學，充斥著怪力亂神，其實這些觀點也沒有錯。因為從古至今，所有風水與命理書籍，未曾對懷疑者提供過合情合理、合乎現實的學術論點，以致這兩門學問愈來愈走下坡，最後終於無法登大雅之堂。

事實上任何一門學問，若有其存在之價值，就必須能接受大眾的考驗。由於時下之風水與命理，在推衍過程中確實存在太多無法讓人接受的理論，因此對於不相信命理，甚至排斥者，我認為無可厚非，只是最大之癥結在於：「術法無罪，罪在人心」。

任何學問，絕對不應該鼓勵不勞而獲的行為。但時下所流行的一些數術，包括堪輿學、陽宅學、姓名學、印章學……等，很多言行都是充滿怪力亂神，妖言惑眾，鼓勵人們不勞而獲。例如某某人因其祖先葬在某個龍穴，故其子孫就飛黃騰達，於是大家一窩蜂，邀請名師尋龍點穴。住何種方位的房子，或坐何方向的辦公桌，事業就能一帆風順，於是大家爭相請大師看陽宅、移方位。認為姓名不佳諸事不順，只要改名就可行大運，結果讓戶政人員手忙腳亂。刻個好印章，立刻大吉大利，凡事趨吉避凶等，類似這種鼓勵人們只要藉助「外力」，根本不必考慮自身條件，就能榮華富貴的言行，完全否定了成功者背後所付出的代價與努力。一味的用一些根本無法知道會不會影響命運的，所謂方向、物質，就能達成心願，這種數術如何使人信服？

還有以出生時間為算命的方式，如紫微斗數、子平八字，單憑一個人的生辰，就武斷的決定每一個人終身吉凶禍福，無視於同生辰者眾。這些相同八字與命盤者，命運皆會相同嗎？有人用宗教的力量，教人施行法術，便能心想事成、財源廣進。更好玩的是，教人家中擺個魚缸，疾病就可不治而癒。客廳擺一盆花，自閉症的小孩就會如正常人，或者牆邊放棵樹，小孩考試就能名列前茅，甚

至金榜題名。前者無視於疾病的病源，也間接否定了醫學的功能，後者無視個人條件一概而論，這種幾乎無法令人苟同的行為，在我們的社會裏卻大行其道。

時下流行的星座學，很多說法也是讓人無法苟同。我們都知道全世界有六十億人，而星座卻只有十二種，平均每一種星座有五億人共有。這五億人來自不同的種族，也來自不同的家族遺傳基因，擁有不同的成長環境，不同的教育背景，不同的人生觀和不同的價值觀。這麼多差異存在下，這五億人的個性有可能相同嗎？任何星座的上升或下降，都是天體間自然的運行，不會特別對哪一個人情有獨鍾，更不會單獨影響某一個人的命運，這應該是無庸置疑的。把星座學當遊戲無傷大雅，若拿來論命道運，實在是有點離譜了。

風水與命理界應該覺醒了！論命過程如果無法建立在邏輯基礎上，其最後之命運將只有走入歷史。

荒謬的姓名學

很多朋友知道我對命理風水有所研究，遇到我時總是常常問我，我的名字好嗎？我名字的筆劃是吉還是凶呢？因他們找姓名學大師算姓名筆劃時，大師們幾乎都是一口斷言他們的姓名不好，如果不改名，以後必然災禍連連。有的大師說，名字不好會破財，有的說婚姻會出問題，更有的說事業會走下坡。種種不如意的事，都將因姓名不好而生，讓他們算過後心生畏懼，不知如何是好。由此可知很多人是很在意自己名字，是否會影響自己的命運。

其實關心自己的名字形音義好不好，還情有可原，因很多名字與不雅的文字發音很接近，常常造成被取笑的對象。但若是以姓名的筆劃有好壞和吉凶，進而影響人的命運，這種錯誤的觀念，真的會讓人覺得啼笑皆非。其實名字只是一個人在社會上，便於被稱呼的代號而已，名字沒有好壞之分別，很多人相信，姓名中的筆劃有好壞與吉凶，深怕取了不好的名字，往後生命歷程會倍覺艱辛。因此，只要算命的說名字不好，著手改名的人多如過江之鯽。

傳統的姓名學，無論你姓啥叫什名字，都一味認定所有的姓名皆有好與壞的區分。姓名學區分名字好壞的方法，一般都是以中文字的筆劃數字來決定姓名的好與壞，甚至是吉與凶，但我們不知這所謂的好與壞是如何來判斷的，吉與凶又是如何定其義的。中文字的筆劃只是創造中文的一個過程，筆劃是阿拉伯數字多寡而已，眾所皆知，阿拉伯數字也只是計算數量的一種工具，全世界通行，這計算數量的工具，哪有什麼好壞之分與吉凶之別呢？我個人認為這一切都是庸人自擾吧！

我曾在台灣的電視台，與某位著名的姓名學大師同台，兩人在電視上，辯論姓名學到底可不可信，是否能成一門人人認同的學術。大師一開始就滔滔不絕的解釋，一個人的姓名對命運是多麼的重要，人若取個好名字，一生的命運可以過的很順利。如果名字不好，不僅阻礙與挫折多，想要成大功立大業，更是遙不可及，所以姓名不好的人，一定要想辦法改個好名字。大師說完其理論後，我開始請問大師，為什麼姓名學家見到任何人的姓名，一定說這姓名不好而需要改名呢？我個人認為其道理很簡單，無非就是想賺點銀兩吧！接著我又請教姓名學大師，回答我幾個任何稍具常識的人，都會存在疑問的確切問題。那就是，（一）改名如果能改變命運，這說法若能成立的話，這種行為是不是鼓勵人們不勞而獲呢？因只要改個好名字，我們從此都可以不必努力奮鬥了，凡事大吉大利諸事順遂是嗎？（二）若我們今天聽從姓名學家所說的方法去改名，那我們要請問姓名學大師，他們能保證我們從今以後到我們老死，生命歷程中的任何事，必然一切順利，絕對不會再遭遇阻礙與挫折，人間的榮華富貴與功名成就，即將手到擒來嗎？如果往後的運程又遭遇到不順利或阻礙時，是不是還要再改一次名呢？若是如此，那請問今天的改名，又具有何意義呢？反之，若不聽從姓名學大師之建議去改名，後果真的會如大師們所說的這樣嚴重嗎？如果不是這樣的結果，那大師動不動就建議人家改名的行為，其目的又是為了什麼呢？

改名能改變命運，這是非常荒謬的想法，但卻一直存在於社會上的一種理論。若改名真能改運，那就必須在改運之前，要先知道，未來的命運是好是壞？才能為之的。可是人的未來命運，牽涉到很多個人選擇之後才有結果，例如，不選擇玩股票，就沒有輸贏的答案。不選擇開公司，就沒成敗的結果。所以在沒有選擇做什麼之前，是沒有任何徵兆可尋的，因沒有相對條件的互動之下，所以未來是不可預知的。既然，未來是不可預知的，那姓名學家又是從哪個觀點，去推論人家的姓名是好或是壞呢？未來是吉或是凶呢？如果生命歷程一切都可預知，那生命的尊嚴又何在呢？活在這世上也失去其價值了。

傳統的中國老祖宗們，在出生嬰兒取名時，都是以字的形、音、義為首要目標。取字之形，欲求人如字之其形，例如山字，希望將來能如山之穩重豁達。取字之音，欲求人如字之其音，例如水字，希望將來如水之嬌柔溫順。取字之義，欲求人如字之其義，例如豪字，期待將來其人豪氣萬千等等。這些傳統方法，都有其和筆劃數字不可同日而語的意義。然而，現代人捨本逐末放棄傳統的取名的涵義，卻斤斤計較起數字筆劃的好壞與吉凶，本末倒置，真讓人懷疑，是古人有智慧，還是現代人愚蠢呢？

無聊的印章學

有一位朋友來電告知，數年前他創立公司時，由於一直深信印章好壞，對人的命運（事業運）會有某些影響，於是請印相學家，刻了一個公司印章和一個私人印章。印章開始使用後，果然從此事業蒸蒸日上財源廣進。可是在去年底，公司職員在使用公司章時，不慎摔落地上，結果印章缺了一角。近幾個月來公司凡事不順，公司頻頻出狀況，幾近關門倒閉的地步。他問我是否受印章破相的影響，該如何是好？掛斷電話，我沈思良久，感慨萬千，這世上迷信的人還真不少。

一個印章，真的對人生具有如此巨大的影響力嗎？真的能左右一家公司的興衰嗎？印章這玩意兒，依我個人的瞭解，好像只有東方少數國家才使用，全世界多數人是不使用印章的（公文除外）。如果印章具有如此神通威力與影響力量，對於不使用印章者，又該做何解釋？

天有不測風雲，人有旦夕禍福，如果不幸遭遇橫禍或意外災害，真的是無話可說，也只能認命。因為世間事變化無窮，一切本無常。有些意外災難，並非個人能力所能預防的，因此對於何時會發生意外災難，命理不僅無能為力，也無法預知任何蛛絲馬跡。但若把個人事業失敗或遇到不順，歸咎於不相干的印章，那真是天大笑話了。

個人事業不順，公司頻出狀況甚至關門大吉，主其事者是否曾經考慮過下列因素的影響：（一）人謀不臧，（二）用人不當，（三）資金調度問題，（四）產品過時不被消費者接受，（五）大環境的影響，或者另有其他因素。不能因為先前事業的順利，就是自己擁有一個好印章的緣故，而否定了當事者本身具備成功的充足條件，也不能因為目前的不順利，就怪罪在無辜的印章上。

印章對公司和私人來說，都只是一個記號證明而已。可以確信的是不論用何種材料刻印章，它絕對沒有絲毫能力來影響人的命運。如果有了好印章，就能帶來富貴榮華、事業順利，那麼人人皆可期盼不勞而獲與白吃午餐了。我們根本不需要付出心血，也不需要自我長進，有個好印章，官位、財富垂手可得。果真如此的話，生命的尊嚴亦蕩然無存。我堅信成功絕對不是偶然，一定有其成功的實力做後盾。任何人的挫敗，也非一時突發狀況就會產生，必有其失敗之因素存在。有缺點要力求改善，找出失敗的原因，要去修正，切勿寄情於一個沒有生命的印章，和不具意義的圖騰。

時代進步，科學昌明，各行各業突飛猛進，唯獨國學界還停留在原地踏步。迷信的觀念，仍舊深植人心，妄想藉助改運（或外力）一夕致富或一步登天的，還是大有人在。如果國學界再幫腔助勢，不但曲解了國學的真實面目也將誤導人們錯誤的價值觀。以為立身處世，唯有投機取巧和不勞而獲。印章損壞了沒有什麼大不了，把它丟掉，重新再刻一個吧！

寶石的五行

談了很多人與房子和大自然界的磁場互動，順便談談寶石與人的互動關係。很多人也許不知道，其實寶石和人也有磁場互動關係，有的寶石的能量對人有益，有的對人體有害，這也是人與寶石的磁場相吸和相斥之原理。我對寶石有所研究，喜歡用不同的角度去看待這世上美物，尤其喜歡研究人與寶石的磁場與能量之互動關係，如果說成白話，就是一顆漂亮的寶石應該搭配什麼樣的人最適合呢？

任何寶石的形成，都需經過數千萬年甚至數億年的光陰，才能成為結晶體。人類為了取得這稀有且有價的物質，往往挖掘整座山脈和礦坑，所得到的寶石還是有限。其實說穿了，寶石就是……「山之精靈」，它也是山的靈魂。寶石是礦物，必然會產生能量與放射物質，這些能量與放射物質並不是我們肉眼可見。所以當人類將山的精靈配戴在身上，一定會有磁場和能量的感應。這種感應沒有完全好與壞的分別，要看是誰來配戴。所以我常說：寶石不是每一個人都適合佩戴的。

我們都瞭解任何礦物的結晶，必經歷長久的時間，才能達成結晶物體。雖然礦物都是沒有生命的無基物質，但這些卻都是汲取天地日月之精華而形成，且都具有化學成分與物理變化存在。無形中產生不為人知的磁場和未知的放射物質，也就是一般人所說的能量吧！當人類配戴這些大自然結晶物的寶石，肯定會受其所散發出來的射線與能量影響。只是不知這影響是身心機能？或健康狀況？還是命運呢？

每一顆寶石都有不同的磁場和能量，每一個人也都有吸收磁場和能量的功

能。人配戴寶石後，若與寶石的五行相生，則寶石的能量可以助人。若兩者五行相剋時，寶石可能傷害人。所以當人與寶石的接觸，可能產生多種反應。有人適合佩戴鑽石卻不適合藍寶石，有人適合佩戴水晶卻不適合玉石。這些效應如同哪一種人適合哪一棟房子一樣，沒有絕對性的，一切因人而異，不能一概而論的。

人生存於世上，就必須與自然界的萬物互動，這包含自然界的大空間，居家與辦公室的小空間，還有很多具有能量與磁場的物質。事業要有所成功，居家要平安，生意要興隆，我個人建議最好的方法就是找出最適合自己的磁場和方位，遠勝過找所謂的好風水來得重要。這種新觀念和新思維，若能被廣大社會所接受，那麼迷信的成分就會減少，對國學的發展必然有其助力的。

任何新興企業家的崛起，風水和命理大師們首先想到的，一定是他家祖墳風水有多好來庇蔭，所以會有今天的成就。從來沒有人探討，一個人的成功，一定有很多因素的。是他比別人聰明，比別人能幹，比別人努力甚至比別人好機運。如果成功者的背後沒有真實的實力當後盾，我們真的懷疑他們能成功且出類拔萃。

當企業集團出狀況或經營不善時，所謂的大師們又歸咎他們祖上的風水有問題。這豈不是「成也風水，敗也風水」了嗎？風水真的有如此神通廣大，決定一個企業的興衰嗎？為何事業成敗都牽扯上風水問題呢？人真的如此受祖上風水影響，而沒有自我決定命運的能力嗎？

中國歷史上的帝王，不管是開疆闢土的第一代，或繼承王位的後代子孫，即位後，第一個任務莫不是尋找好風水建築陵寢，以待他們百年之後棲身之所，並確保他們的江山世世代代能永續經營。繼而尋找長生不老藥或仙術，以使他們永生享盡榮華富貴。然而他們最後的下場呢？這些王朝如今安在嗎？江山依然無恙嗎？這樣的結果是不是可以證明，尋龍點穴和長生不老術，對帝王們並沒有任何幫助的。

臺灣首富郭先生白手起家致富，足為年輕創業者之楷模。我們相信，他的成功是因為他掌握好機運，因為他眼光獨到，因為他比別人努力，因為他比別人能幹……等等，結合了所有成功之因素，於是創造他今天的企業王國。我們更相信他在未成功之前，絕對沒有考慮他家祖墳好壞之問題，一路奮發努力，所以能達到今天之成就。然而，當他成功後，反倒注意起風水問題了。觀其父與其妻之風水，讓人感覺都非常講究，帶給社會完全負面的教育。郭先生可能忘了，成功是人為努力而不是風水影響，如今竟然本末倒置迷信起風水，這種行為不僅否定了自身的條件與努力，也隱藏著不勞而獲的心態。歷代帝王沒有一個能達成願望，何況是一般凡人呢？追隨古代帝王的腳步，是否意味著最後下場將重蹈帝王們的覆轍呢？

當一個企業家面臨困境，他們不會尋找出事的因果關係，去加以改進和自我反省，都只是想靠改風水、點光明燈、做法會……等來挽救他們的事業。我們很懷疑這些方式，真的會讓一個兵敗如山倒的企業起死回生嗎？我們更懷疑藉助外力能改變已存在的本質？答案應該是否定的。聰明人都知道臨時抱佛腳是沒有任何作用的，但當企業家們面臨困境時，為什麼都是如出一轍的問鬼神而不問蒼生呢？

一些富貴人家想靠風水的幫助，意圖讓其事業永續經營，藉著點光明燈、做法會的行為，寄望讓其長生不老，整個社會充斥著違反文明與自然法則的負面消息。如果只因為他們付出些微金錢的代價，便能隨心所欲達成目的，這世間還有天理嗎？

寄語天下人：越是追求長生不老術的帝王，越是加速死亡；越是追求尋龍點穴，想立萬世基業於不墜的帝王，越是加速滅亡！

延命添壽

人真的可以延長壽命嗎？這是很多人的困惑吧！

如果要延長壽命，我個人認為前提必須是我們已經知道自己的壽命盡頭在哪？我們在何時將蒙主恩寵，在何時將離開人世，然後在有限的生命結束前，將壽命延長。可是，在這世上誰有這天大的本領，知道自己會活到何時呢？如果不能先知道自己會活到何時，那麼所謂的增壽延命之說法，是依據什麼呢？誰又能知道所謂延壽是否有效呢？一連串的疑問不禁讓我們對所謂神力、祈福、法會……等延長壽命的方式大感不解。

古代帝王掌權統治天下後，個個食髓知味，貪圖人間榮華富貴，莫不是妄想長生不老，永續經營他的帝國霸業。然而在遍尋仙丹、法術後，我們不禁要問這些帝王如今何在呢？

相信壽命可以延長的人，幾乎都是想藉助外力來達到目的，但是他們似乎忘了一句俗語：「生死有命，富貴在天」。生與死不是個人能掌握的，還得看老天爺的臉色，這可由不得人的。只要出生為人，根本無法瞭解為何今生會誕生於世，為何時候一到就必須離開人間。俗語說：「閻王要你三更死，絕不留你過五更」，任誰也阻止不了這人世的無常。世間上最難瞭解的就是生死問題，它牽涉太多太多的因素，不是三言兩語可道破的，說穿了，其實這個問題根本無解。

「佛不渡三」，其中就有不渡業力之說。橘子要離開枝葉，誰也無法讓它不掉落，生命要結束，誰也無法阻止其死亡。生死與業力絕對有其不可分的因果關係，誰也無法輕易改變個人的業力。一些術士、法師宣稱做法事、貫氣、祈福……等等方式可以幫人添福增壽，其實這都只是牽涉金錢利益而想出來的花樣罷了。這種行為不僅違背佛家所說的因果關係，也違背了生死自然法則。醫學如此進步，要延長人的壽命，可能都大有問題，更不用說這些毫無根據的術法了。

如果人可以輕易的增添壽元，閻王手上的生死薄，豈不是天天要改寫？富貴人家也都可以長生不死了，他們可以每天請法師做法會，可以請道士每天為他們誦經祈壽，可以請大師為他們貫氣延生，這樣他們豈不是個個長命百歲，享盡榮華富貴？天底下有這樣便宜的事嗎？

其實生與死是人間最公平的兩件事，誰都無法選擇什麼時候出生，什麼時候死亡，就算用盡心思也無法左右上天的安排。我們常見「貧賤多長壽，富貴多夭折」，活生生的例子不停的上演。遍尋仙丹與法術的帝王們，其實絕大多數都是很短命的。人生在世要如何活的有意義，活的多采多姿，活的有尊嚴，才是今生最重要的課題。至於能活多久，會有多長壽，這個難解的問題，就交給老天爺去傷腦筋吧。

兩年前，臺灣一個前途看好的女藝人，因車禍而殞落，算命的又是一堆馬後炮。出事的原因不外是，車禍當天是這個藝人最差的日子，當年虛歲二十九犯沖……等，其實車禍本是不可預知的意外事故。有時發生車禍之責任不在自己，而是對方的疏忽所造成，這個素昧平生的意外製造者，不是你我能掌控的，也無從得知的。此人為何在最不應該出現的時候出現，且他出現所造成的後果，往往也不是誰能夠承擔的，這就是生命中的無奈！

意外會不會發生，風水和命理都永遠無法預知的。它來無影去也無蹤，所以意外成為生命中最可怕的變數。這個變數影響一切，事業、感情、家庭包括生命，通通在它的影響範圍。就算神仙在世，對意外的發生也是莫可奈何。推運論命如不能將生命歷程中的變數加進來，所有預知未來的答案，往往會錯得離譜。但話說回來，要把變數加進來，也絕不是輕而易舉之事，除非神仙在世。生命歷程會有起有伏，全都是拜變數所賜，就是因為這變數如影相隨，要預知未來才成為不可能的任務。

假設有人車禍受傷毀了容貌，與他未出車禍前的長相完全不同，以面相學來說，算命的面對同一個人，用車禍前和車禍後的長相算命，所推論的結果會完全不一樣。為何同一個人同一個算命的，答案卻會南轅北轍呢？原因在於車禍是最大變數，車禍改變了此人的面貌。所以算面相之前，沒有把出車禍的變數一起算進去，想要預知未來，真的有如瞎子摸象。

我們永遠無法得知，為什麼開車時，突然有輛車衝出來和我相撞；為什麼走在馬路上，一輛摩托車突然往我飛奔而來把我撞傷？為什麼好端端的，一顆石頭彈起來朝我飛來？為什麼談妥的生意對方突然變卦？為什麼相愛的人忽然分手？種種不可思議的事，不停的在每一個人身上發生，請問誰能阻止這些意外呢？

因為變數存在，所以世事無常，任何事隨時都有不可預料之情形發生，隨時都可能產生變化。坦白說，誰也束手無策，只能無奈的等待變數到來。命理和風水都不可能把變數量化，也不可能預知變數何時會到來，這是無庸置疑的。兩千多年前的智者，窮其一生的參悟，早已告知我們，人生不離生老病死，世事無常是恆久不變的定律。大師們為何老是等到事情發生，再拿一堆理由來解釋，這都是在套命，絕對不是未卜先知，看官們可別被唬了。

生活中如果沒有變數，這就不是人生，如果沒有變數，一切都將平安順心，無憂無慮幸福美滿，但這畢竟是可遇不可求的。

科技日益發達，社會也愈來愈文明，但人們在遇到挫折或困境時，往往求助的不是人類智慧的結晶，而是無形的宗教與充滿神秘感的論命法則。

多數的人，都嘗試過算命，箇中的滋味，各有不同，答案可能也相互有異。論命法包括有手相、面相、八字（子平）、紫微斗數、測字、摸骨……等包羅萬象。如果把這些算命方法再細分，有用個人獨有的條件，如手相、面相、體格（骨相）等來推斷個人一生的吉凶禍福，也有用出生之年、月、日、時轉換為算命工具。由於每個人都有不同長相與體格，因為這些都是除了本人以外，世界上沒有人有相同條件，以這種獨有的條件，來推斷個人獨有的命運（世界上沒有人有相同命運），這種論命法則，原則上可以被接受的。至於其準確度，那只能憑相士的功力與道行了，如果算出來的答案不準確，也只能怪相士學藝不精了。

這裏我們要探討的算命方法，是用每個人的出生年、月、日、時，把這時辰（一個時辰是兩個小時）轉換成算命工具的算命方法，包括流傳千百年而歷久不衰的子平八字與紫微斗數。這兩種算命術，都是用出生的時辰來推論命運的方法。

首先我們應該思考一下，在這個世界上有多少人是同年同月同日同時生呢？據聯合國統計，兩個鐘頭內，全世界出生的小孩，平均是約三萬多人，臺灣地區是約八十五人。粗略的將這些人分成男女各半，也就是同一時辰裏，地球上平均有近一萬五千人，臺灣有近四十人同時辰出生。把這些人的共有生辰，轉換成子平八字或紫微斗數命盤，他們都擁有一個相同的八字或紫微斗數命盤，也就是一張命盤或一個八字，其實有這麼多人共有，而不是只屬於單一個人。

有人說中國人發明的國學數術，這種算命方法只適用於中國人或臺灣人。我個人認為這種說法不能成立，說這種話的人也是對國學的無知。數學裏的一加一等於二，臺灣人、中國人、美國人或非洲的黑人來算也永遠等於二。一種學術的成立，如果只能用在中國人或臺灣人身上，那麼它就沒資格稱為學術，也就不值得我們去學習和探討，更不值得去發揚光大了。

雖然同樣八字或命盤的人這麼多，但眾所周知，他們的命運絕對不會相同的，這世上任何事都可以統計，唯獨命運不能統計。從古至今，沒有人命運相同的，沒有相同的條件之下，統計學用於命理是無用武之地。從這點我們也可以進而明白，相同的命盤與八字的人，會有不同的命運。那麼時下的相士一般都是拿起命盤或八字就鐵口直斷。請問，這個被相士推論出來的命運，到底是屬於同時生的三萬多人中的哪一個人呢？

如果幫人算命的相士，自己都不知道自己所算出來的命是誰的，這種算命方法我們只能充其量稱為猜謎遊戲而已。當我們提供時辰給算命師的時候，算命的通常就能憑我們提供的這個條件，斷你一生吉凶禍福。算完命後，我們是否曾經懷疑過，這個算命答案是屬於我們個人的嗎？如果不是屬於我們的命運，即使某些事被算命的推中，也不足為奇。因為世界上的事以二元對立法來劃分，不是好就是壞，不是成功就是失敗，不是準就是不準，二選一機率佔一半，往往也能猜中的。

當我們開始對答案產生懷疑時，往往也會反問算命師：「同時生的人會同命嗎？」一聽這種問題，通常算命的，也會理直氣壯地說：「不同」。而且還會自圓其說地告訴我們，雖然他們同時出生，雖然他們也有相同的命盤和八字，但因每個人家庭中的風水、祖德、出生地……等條件的不同，以至於同時生的人會有不同的命運。這種論調乍聽之下好像很有道理，其實道理不通。

當我們提供一個生辰給算命師時，有哪位算命師會主動要求被算命者提供風水、祖德等等這些資料。既然這些資料是造成一個人的命運之影響因素，為何相士們在一開始算命時，卻不向被算命者要求提供呢？都是等到對方提出質疑後，才自圓其說呢？

既然算命的說，風水、祖德、出生地會影響命盤和八字，我們再仔細思考一下，到底是真是假呢？試想有誰能知道他的眾多祖先中，誰的風水好、誰的風水壞呢？有誰知道它的眾祖先中，誰曾經積了德？誰曾經敗過德呢？這些事好像都屬於我們無法得知的範圍也。既然這些都是不可知的事，怎能成為影響命盤或八字的因素呢？至於出生地不同，應該修正為出生國度的不同才合理。此話怎麼說？同樣生長在臺灣，會形成一個命運共同體，假設臺灣股票大跌，臺北崩盤，高雄、台東，甚至澎湖也一樣崩盤，不會因城市不同，就會有不同的股票行情。但國度不同卻會造成同時生之人命運不同，有的事情在臺灣是違法的，在外國卻是合法，因為不同國度會有不同的社會環境、價值觀念，與不同的法律約束，也因而造成同時在地球出生，卻有不同的命運。

臺灣時興以紫微斗數命盤來推算股票的漲跌，一張命盤的產生，是從一個有生命的個體，以其出生之年、月、曰、時轉換而成的算命手段與工具。人有出生就有死亡，也就是命盤有開始也有結束，因為它是用來推論一個人一生的生命歷程。斗數命盤只有一百二十年，往後就再重新輪迴，這種架構對人來說還算合理。畢竟世上活過一百二十歲的人不多，就算活超過一百二十年，再來的命運也沒什麼好算的。可是股票卻不同，如果一個國家政治安定、社會富足，那麼股票是會一直存續下去的。如用命盤來推走勢，那豈不是一百二十年後的今天，股票的指數和走勢與今天完全相同，這是絕不可能發生的。運用四化星就能預知何類股票會漲會跌，那也太看不起現實環境對股票的影響了。有的大老闆同時擁有上市公司數家，從他個人的命盤，都無法預知他手中哪一家股票會漲，哪一家會跌，因為他的命盤只有一個，但上市公司有數家，一個命盤只有一個答案，可是數家公司卻會有數種漲跌不同的答案。用包山包海，自圓其說的算命方法來推斷股市大盤漲跌，其準確性又是如何？肯定又是過街老鼠吧！

算命的目的，不外乎是算婚姻幸不幸福，事業能否成功，出外是否平安健康，交友會不會被騙被欺負……等，可是一般算命的，卻往往自不量力，硬是要推算一些和命運不相干，對命運沒有影響的局外事。

我們用科學的眼光來檢定一下時下流行的命理推算法則，是否能通過邏輯的考驗。這都是我研究過程的經驗談：

（一）長相與體格：長相與體格本是天生的，和遺傳有關，和命運卻不太有牽扯。但很多相士，只要拿到一張八字或命盤，就要推斷人家的長相如何，高矮瘦胖如何，這是否考慮到，一個人的長相與體格皆來自遺傳。這個遺傳的條件包括來自父母、祖父母，甚至外祖父母，算命的根本不知道被論命者的遺傳條件，豈可直斷？如果真的能推斷，下次我們找兩個同時生的人給他們斷斷看吧，可不要以為我是在開玩笑喔，到大醫院去看看兩個小時有多少小朋友出生，就知要找同時出生的人，其實並不難也。

（二）膚色：算命的喜歡用命宮的星座，就斷定人家的皮膚是白或是黑，其實皮膚白或黑，關命運屁事啊！推斷這些無聊事，又有什麼意義呢？曾經遇到一位相士，用命宮中的星座，推算某人必定膚色細白，我反問他為什麼這樣推論呢？他告訴我說，因為命宮中的星座代表白，故可推其人膚色必定細白。我笑笑的告訴相士，如果擁有此命盤的人是一位非洲黑人的話，他的膚色還會白嗎？相士被我一問，啞口無言臉色鐵青。算命的沒有想到，這一張命盤並非只有生在臺灣的人才有，非洲的黑人，歐洲的白人，都有與臺灣人同時生的，如果擁有此命盤的人，被斷定膚色細白，那麼與此命盤同時出生之黑人，也會膚色細白嗎？

（三）婚姻與感情：婚姻與感情的事，是因二者互動關係所產生的效果，但相士在算命時，憑的都是單一命盤或八字。相士根本不知道配偶是誰的情況下，便要斷人家婚姻吉凶。江湖術士們不知道，相同命盤的人，因為感情對象不同，會有不同的感情互動發生。就算是同一個人，若他同時擁有數位異性朋友在考慮中，他和這些異性朋友也會有數種不同的互動效果。算命的用單一宮位如何來推斷數種不同的結果呢？我舉個例說吧：假設有位王先生，同時認識了兩位小姐，一位姓張一位姓陳，我們相信，不管王先生娶張小姐或陳小姐，王先生一定會有不同的婚姻（感情）效應發生，也就是王先生娶不同的小姐他就會有不同的婚姻生活。這時王先生的命盤（八字）並不變，卻因不同的對象，而產生不同的答案。如果這時只憑王先生的八字或命盤，就推論它的婚姻狀況將會如何，這種論斷會準確嗎？很多相士只憑一張命盤（八字）就斷人家婚姻如何，甚至推斷人家會離婚，他們是否曾經考慮過，這個世界上有些天主教國家，法律根本禁止人民離婚的，難道這些國家的人民就沒有離婚命盤（或八字）嗎？

（四）疾病：有人因為出生便帶有遺傳病因，有人因飲食習慣和工作環境而產生疾病。有些致病因素是我們無法抗拒，諸如來自遺傳，但有些疾病卻是我們可以避免的。同樣疾厄宮，因來自的遺傳基因不同或環境不同會產生不同的疾病。這牽涉到的條件，絕不是一個未從事專門醫師訓練的人所能解答的，有病絕對是要找醫生，而不是找算命的，否則全世界的醫療機構都要全部關門了。

（五）出外：出外在這裏包括遠行、移民、留學等，很多相士說遷移宮有某些徵兆出現，人就可能遠行。如果沒有徵兆，那豈不是不能遠行了？相士們可能不知道，在美國有很多人每天開車至加拿大或墨西哥去上班，下班時再開車回美國，他們天天出國，難道他們的遷移宮都天天有某些徵兆嗎？同理可論，生長在臺灣地區的人與美國這些出國上班族同時生，也應天天出國嗎？事實可能嗎？北朝鮮的老百姓，出國比登天還難，就算北朝鮮人有與臺灣地區同時出生的人，可能終生也出不了國吧。不同的國度，同樣的遷移宮，一樣會有不同的結果。如果再有相士告訴你何時能出國，不妨考考他們，如果出生在北朝鮮與你同時生的人也可以在同一時間出國嗎？甚至所有同時生的人將會同時到同一個國家，來個慶生會嗎？

最後再來談談人人關心的事業。很多父母在小孩出生時，便找命相士論論孩子將來如何？往往得到的答案都是孩子將來如何如何？一個剛出生的小孩，算命的要如何能知道他們將來會如何呢？依據的理由是什麼呢？其實依據的只是一個生辰。如果生辰可以推論小孩的未來，那請問同時辰生的人以後成就都要相同了嗎？一個小孩如果將來沒有經過醫學教育，他能當醫生嗎？沒有經法學院的洗煉，他能當律師嗎？如果只有初中或高中畢業，能在我們這個以文憑掛帥的社會裏，當上國家領導人嗎？

我們要找人算命時，應該具備基本的知識，那就是算命的想算什麼答案，就必須有什麼「獨立條件輸入」。好比：算婚姻，就必須輸入配偶是誰。算疾病，就必須輸入遺傳條件、生活習慣、工作環境。算財富，就必須輸入從事何種行業，何種收入。以此類推，如果算命的幫你算命時沒輸入相對條件，這個答案必不可信。如果相士不會輸入條件，那麼所論出的答案是見人說人話，見鬼說鬼話，不足可取。每個人都有理想，也都有夢，理想與夢應該建立在現實中，而不是建立在不學無術、信口雌黃的相士口中。

錯誤的算命方式

研究紫微斗數，如果只是依照古書賦文，一一去解讀，那麼你永遠都無法突破，如果看坊間所有錯誤理論的書籍，那只會讓你更無法自拔！原因很簡單，這些書籍所論述的理論基礎，不僅不能接受考驗，且都是不堪一擊！

市面上，幾乎所有研究紫微斗數的算命方法，都是以命宮在哪一個宮位來算命，我們有沒有仔細想過，無論命宮是在子宮、在丑宮在午宮、在亥宮或是在卯宮，這世上命宮在相同宮位的人有多少呢？用宮位如果可以探討命運，請問命宮在相同宮位的人，命運是不是應該一樣呢？如果是以宮位裡的星座來推斷命運，這種方式更是貽笑大方了，我們是否曾經思考過？

命宮裡相同星座的人有多少呢？命宮相同星座的人命運是否都相同呢？很多人以為命宮在某一個宮位，或命宮有什麼星座，就會決定某一個人的命運，其實這種理論是經不起檢驗的。用邏輯學中的若A則B原理來檢驗一下，就可以了解這種說法是行得通還是行不通的。如果用A的命宮在某一個宮位，可以推算A的命運，那麼B的命宮只要與A相同，B的命運就要和A一樣，所以用命宮在哪一個宮位算命是不可靠的。以此類推，如果用A的命宮裡的星座，可以推算A的命運，那麼命宮的星座與A相同的B，其命運就要和A一樣，但是這世上絕對沒有人的命運是相同或一樣的，所以AB兩人雖然命宮在同一個宮位，命宮裡的星座也相同，可是任何人都不會相信A與B的命運會一樣！因此用命宮在某個宮位，或命宮裡有什麼星座的算命方法，經過這種檢驗，其結果可信或不可信，已經一目了然吧！

命宮在哪一個宮位，不是只有某一個人擁有，而是很多人共同擁有，命宮的星座，也不是只有某一個人所擁有，一樣是很多人共同擁有，從這裡我們可以了解，很多人共有的命宮，不能推算個人獨有的命運，同理可證，很多人共有的星座，一樣不能探討個人獨有的命運！至於相同時辰出生的人，在這世界上，更是數以萬計，所以只用出生時辰所推算的命運，我們真想請問一下，到底是在推算誰的命啊？

紫微斗數雖然流傳久遠，但古人的知識，在某些方面還是沒有現代人來的淵博，古人不清楚，同一個時辰，不是只有一個小孩出生，沒有周詳思考，同一個時辰出生的人，無論是子平八字或紫微斗數，都是相同的，用很多人相同的八字或紫微斗數命盤算命，是經不起檢驗的，若用現代人的邏輯推理推算，更是不堪一擊！

太歲當前

親戚的同事在某公家機關上班，已屆退休年齡，三年前趁公務之便，收取了一筆為數可觀的「疏通費」，結果在去年東窗事發，被移送法辦並提起公訴。眼看著審判日期漸漸逼進，如果被判刑確定，不僅需入獄服刑，連數百萬元的退休金也泡湯。

這位仁兄為求官司解套，除了求神拜佛外，也到處找人算命、解運。許多人說他去年會吃官司，是因為沖太歲之緣故，所以才會犯官符，也有神職人員告訴他，因為他家的神明坐向不對，才會官司纏身，用盡種種的理由來解釋其吃上官司的原因。

縱使這些理由冠冕堂皇，卻忽略了今天吃官司的最重要因素。這位仁兄趁公務之便，收取了不該拿的財富，反而「反因為果」的在為不正當的行為做辯護。

試想這位仁兄若三年前，不取不正當的錢財，今天會有這種下場嗎？

以沖太歲的理由來解釋有官司上身，這種立論在我們的社會常可耳聞。所謂的沖太歲，假使今年為己丑年，丑在十二生肖中屬牛，如果生肖屬牛的就是所謂的犯太歲，而差六歲，生肖屬羊的，就是沖太歲。例如庚寅年，寅屬虎，生肖屬虎的今年是犯太歲，生肖屬猴的就是沖太歲。也因此在十多年前有位歌壇巨星猝逝，命理界就有人說此女因生肖屬蛇，當年正巧沖太歲，才會與世長辭，這種說法真令人啼笑皆非。

無論沖太歲，或是犯太歲，每六年任何人就要遇到一次，也是每六年不吉利的事將會臨頭，這種論法教人如何接受？再者如果犯太歲

或沖太歲，就會行運不佳，如果可信的話，試想這個地球大約有六十億人，而生肖只有十二個，每一種生肖的人大約有五億人。如果以每一個流年來說，就有二種生肖的人行運不佳，也就是約有十億人將厄運臨門。反過來說，不沖太歲或不犯太歲的生肖，就一定鴻運當頭、事事如意了？

今天所面臨的官司，無論其最後審判結果如何，都只是這件事的「果」。為何會有這種「果」的產生，必須先回到三年前的「因」，假設時光能倒流，回到三年前的原起點，當他面對紅包時，如果這位仁兄能冷靜思考，想到後果的嚴重性，而不為金錢所惑，拒絕收取，那麼今天他就不必接受司法審判，和終日不安的等待奇蹟出現。

由於個人的不正當行為，面對法律制裁，尋求宗教與命理來解運、改命，絕對是徒勞無功的。命理的功能在事前的指點迷津，而非事後的治療，此時命理對這位仁兄應該沒有絲毫的助力。

消災祈福

福無雙至，禍不單行，人生十之八九不如意。當所受之教育與社會經驗，無法解決所面臨的困惑時，擁有再高學歷或社會地位的人，一樣會尋求算命、卜卦、陽宅、姓名學、風水……等術法來指點迷津。這些登不了大雅之堂，但實際上卻被各階層人士喜好的傳統數術，往往在一個人最無助的時候，給予當事者最大的心靈慰藉。

傳統的山、醫、命、相、卜五種國學，除了中醫這行業已被正式認同，甚至在大學殿堂上成為一門學術。其它的術法一直以來都只能躲在暗巷裏，從來是見不得人的，連被算命的人也絕大多數是偷偷摸摸的去算命，深怕被人發現去算命，有如犯了不得了的事似的，一樣的術法，後續發展為何有如此天壤之別呢？

中醫沒被時代潮流所淘汰，而能被接受進而進入學術殿堂，畢竟它的理論基礎有學術之依據，既沒有怪力亂神，也沒有妖言惑眾，因此可以堂堂正正的發揚光大。其它的術法因為參雜太多怪力亂神，無法讓學術界認同。

無論西醫或中醫，難免也有醫療錯誤的時候，一般人不會苛責。醫生死亡時，一般人也不會對醫生冷嘲熱諷，從來沒有人說：醫生幫人醫病，怎麼自己不會醫自己的病呢？可是算命的就不一樣了。人家常說：算命的自己好壞都算不出來，怎能幫別人算命呢？說這種話的人有點苛薄，算命的又不是活神仙，怎麼可能未卜先知呢？可是說這種話也有幾分道理，因為算命師常常口沫橫飛，把自己說的有如神仙在世，好像世間事一切皆在他們意料之中，任何人的命運也都在他們掌握之中。

這一切的一切，不能夠怪罪於術法本身，要怪應該怪算命師和被算命的人。

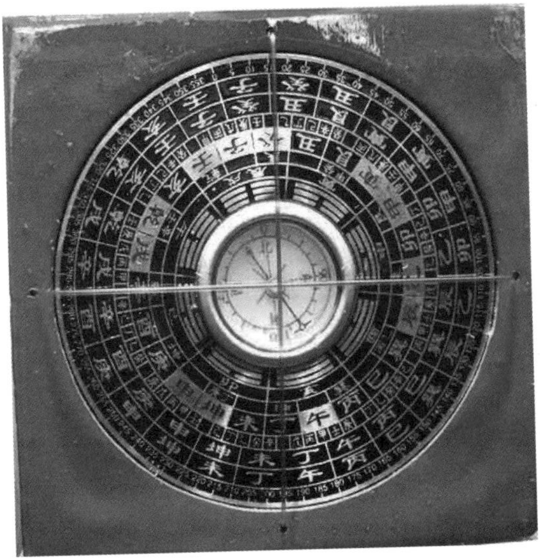

命理師往往為了賺取蠅頭小利，去附和當事人的要求，盡說一些當事者喜歡聽的話，也往往為了本身的利益而走偏鋒。諸如要當事人花錢消災，花錢買好運等。被算命的人也會要求大師，為他們做一些超越命理功能之事，例如要大師幫他開運，要大師為他們解厄，要求做法事祈求平安、添福增壽等等。一些術法根本無法達成的功能，往往應當事人之要求，大師們只好硬著頭皮，賺起不應該賺的錢。被算命的人也因為對術法不瞭解，而花了不該花的錢。其實一個願打一個願挨，本不干旁人閒事，但大師喜歡誇大本事，當事人未達願望喜歡鬧事，於是糾紛不斷。術法從此被定位為妖言惑眾、怪力亂神，打到十八層地獄，永無翻身之日。

術法無罪，罪在人心，因為是人錯用術法。如果被算命者都能瞭解，術法有其功能上的極限，就不會有不勞而獲的心態，和超越極限的要求。如果大師們能體會術法的功能，就不應該宣揚不屬於術法的怪力亂神。在術法所規範的遊戲規則裏談命論運，如此才能使傳統術法不被唾棄，樹立它應有的學術地位。

閒暇時我玩玩古董，也收藏一些石雕。忽然驚覺原來迷信的風氣，在好幾百年前，早已在石頭玩家中廣為流傳了。紅色的石頭叫鴻運當頭（鴻與紅同音），黃色的石頭是飛黃騰達，藍色或綠色的石頭為青雲直上，若是紅色與藍色結合在一起的，有一個更優雅的稱呼——洪福齊天。

因此，這些石頭就比一般石頭來得有價值，收藏家們也喜歡收藏，玩賞之外也討個吉利吧。由於顏色有相對性的意義，於是紅色的雞血石，黃色的田黃，翠綠色的玉石或翡翠……等，符合吉利諧音的石頭，價格水漲船高，人人爭相收購，有的甚至比黃金還值錢。

取諧音為石頭命名當作好玩無傷大雅，然而偏偏有人信以為真。以為擁有何種顏色的石頭，就會帶來何種的好運。其中翹楚首稱大清王朝的乾隆皇帝，他所收藏的石頭顏色，幾乎不離大吉大利的諧音。君若不信我所言，跑一趟臺北故宮或北京故宮博物院，答案便可揭曉。於是此風氣流傳至今，相信石頭會帶來好運的人還是大有人在。

很多人以為顏色與命運相關，穿什麼顏色的衣服會帶來什麼好運，帶什麼顏色的首飾會有什麼好事發生。尤其時下的星座學更是言之鑿鑿，不同的星座每天有不同的吉祥顏色，且每個專家的說法也不相同。於是很多人每天不知要穿啥顏色衣服，帶啥顏色首飾出門，莫名奇妙的帶來困擾，讓人感覺生活在這種時代真的是好累。

生為人每天要忙要煩的事已多如牛毛，為了三餐溫飽常常工作疲累，很多該做的事都無暇以顧。我不清楚，真的有誰每天有這樣的閒工夫，去注意穿什麼顏色衣服出門，帶什麼顏色的首飾赴約，如果一切作息依照星座家指點，是否保證每天就鴻運當頭？反之，如果生活準則沒有依照星座家所建言，不知是否一定會災難臨頭？

紅、橙、黃、綠、藍、靛、紫等顏色，在生活中都是常見的，幾乎什麼顏色都佔據居家各角落，相信我們也不曾受這些五顏六色影響生活。沒有生命的衣服，沒有生命的首飾，沒有生命的石雕藝術品或石頭，可能影響人的視覺，也可能影響人的感官，也有可能讓人賞心悅目，但絕對不會影響人的命運吧。坦白說地球萬物中最具有靈性的就是人，人幾乎支配著萬物。生活的意義和生命的尊嚴，就在於人可以支配自己的行為，可以選擇自己的喜好，物件、顏色都是生命中常常要相逢的，理應由個人喜好而做選擇，不應該本末倒置變成它來主宰人的命運。

無辜的白虎星

每當一個小孩出生後，家庭遭變故，或親人過世，傳統的命理學無不將責任全推在剛出生的小孩身上，讓一個完全不知人情世故的無辜小孩，承受莫須有的罪名，和種種無情的壓力，這種迷信的行為，不僅不人道也欠公允。

接踵而來的是諸如掃帚星、白虎星等等不雅的形容詞紛紛出籠，強加諸於小孩子身上。相士的無心之言，不知傷害多少幼小心靈，也造成多少不可彌補的人間憾事，實在令人氣結。人與人的互動關係，全靠一個「緣」字，有緣就相聚，緣盡則分離，誰也無法預料與左右的。

孩子的誕生，只是另一個生命個體的降世，與親人的吉凶禍福，既沒有「刑」，也沒有「剋」，更沒有任何因果關係。如果能冷靜思考、理性判斷，不妨假設孩子不出世，親人就能長命百歲，事事亨通了嗎？

我個人就有這種實際經驗，差點成為相士的祭品，和傳統命理的受害者。當年我母親懷我的期間，有一天夜晚突然發生一把無名大火，將我父親經營不錯的棉花工廠毀之殆盡。

兩個月後我誕生於世，所有的親朋好友，皆將我父親事業上所遭遇的變故，歸咎於我的出生。有的父執輩親友，甚至還勸父親將我送給別人收養以絕後患，也有相士認為我的命刑剋父母，宜過繼他人收養或認個義父母以為上策，否則往後家父必禍患無窮。幸好家父並不相信這些無稽之談，認為他的事業有此遭遇，是他個人命運與行運使然，與孩子誕生與否無關，不僅拒絕了親友與相士的建議，反而對我更是疼愛有加。

像這種錯誤的迷信觀念，與缺德的相士，差一點讓我成為無辜的代罪羔羊，也差一點斬斷了我與家人的親情緣份，由於親身的體驗，以致往後研究命理，我絕對不存任何迷信觀念，只要不符合現實觀點的論命法則，我一律拒絕接受。

科學的命理可以指點迷津，迷信的命理卻害人不淺，社會大眾不應該容許這類不幸事件一再重演，媒體有導正社會風氣的責任與義務，對於鼓勵人們不勞而獲的術法，和公然提倡迷信的論命法則，不應再推波助瀾，才是撥亂反正之道。

俗語說：「生死有命，富貴在天」，人生在世各有其命，成敗與興衰，也有其因果關係。每個生命都是獨立的個體，吉凶禍福自有不可知的定數。

成功不是偶然，失敗也別怨天尤人，至於一個才誕生於世，還沒來得及感受世間的人情冷暖，和接受命運洗禮的初生之犢，哪有天大的本領，為親人帶來福份和災難呢？

時辰不能換算

有一位朋友，由於不滿意中國的教育制度，當他太太懷孕時，夫妻商量好，決定讓太太遠赴美國等待生產，以便將來孩子可以擁有美國護照和接受良好教育。

小孩終於在美國出生了，這位朋友拿著小孩的生辰到處找人算命。所有的相士都將美國出生時間換算為中國的北京時間，為小孩算生辰八字或紫微斗數。直到有一天，我告訴他，這種時辰換算法是錯誤的，請他告訴我，什麼理由要將美國時間換成中國的北京時間呢？這又是誰發明的？結果讓他大吃一驚，如果這種時辰換算是錯誤的，這豈不是表示，以前他請人幫小孩所算的命都沒有意義了？答案確實是如此也！

將美國出生時辰，換算為北京時間或所謂的「中原時間」，這是部分命理界人士的無知，與中國人自大的心理。因為自古以來，中國人都將中國定位於世界的中心，好像只有所謂的中原時間，才是標準時間。於是不管在哪裏出生的人，想要算命就要將出生時辰換算成「中原時間」，現代的說法則是「北京時間」，否則就無法算命。

其實這種理論不切實際，因為不管任何命理，只要是以出生時辰為工具的算命術，都應該以當地時間為準。道理很簡單，任何術法，無論星座排列組合如何，在這眾多的星座裏，對人類真正具有直接影響力的，應該只有太陽與月亮，所以太陽與月亮在命理探討上格外重要。

日月對人類的影響眾所周知，太陽主宰光合作用，月亮影響潮汐功能，少了日月這兩顆星球，人類可能無法生存。且在命理的探討上，日月皆具有影響個人個性的傾向。在中國白天出生的小孩，出生時看見的是太陽，就見不到月亮；若是晚上出生的，則看到的是月亮而不是太陽。同理，在美國出生的小孩，出生時看見太陽或月亮，無形中其個性就隱約受到這兩顆星的影響。如果將在美國「白天」出生的小孩時辰，換算成所謂的中原時間或北京時間，就會變成小孩在「夜晚」出生，本來小孩在美國出生時，日正當中，太陽光輝正旺，換算為中原時間或北京時間後，竟變成太陽已西沉，而月亮卻高掛天上。這種換算時辰的方法，使出生地當地的日月顛倒，豈止不正確而已，更是缺乏說服力。

日月在命理上判斷其強弱，應以出生的時間，來決定太陽的光輝，出生的日子，來決定月亮的圓缺。每個人出生的時辰，就已決定這兩顆星的強弱與定位，太陽代表陽剛，月亮代表陰柔，從這兩顆星的強弱，隱約就可觀察一個人的個性。如果隨便將外國出生的人之生辰更改，這兩顆星座的強弱，也將隨之大轉變，造成算法混亂的局面。因此外國出生時辰，絕對沒有換算成中原時間或北京時間的理論基礎存在，如果算命時，相士欲變更出生時辰，那麼我們可以確定所算出來的結果，絕對不屬於當事者，這一點是無庸置疑的。

提到每個人出生時，日月的重要性，依我個人多年研究心得，出生的時間和日子，會影響人的個性，出生時的月份會影響人的壽元，出生時的年份會影響親情關係。人與大自然的天體運行，冥冥之中好像息息相關，有著一股說不出來的情懷牽絆著，由不得人也。

日子沒有好壞

傳統的社會裏，男女結婚或訂婚，要挑個好日子，公司行號開張，要選個好時辰，還有上樑、入宅、喪葬等等，都要找個吉日良辰。好像沒有依循風俗習慣，就會大難臨頭，有些人活得更辛苦，連剃頭、破土、裁衣、探病或遠行，都要翻翻通書或農民曆才敢去做。

時辰與日子，真的有所謂的好壞嗎？有所謂的吉凶嗎？好與壞又是如何區分呢？吉或凶又是如何界定呢？時辰對人的命運真的有如此重大的影響力嗎？種種疑問一個接一個的產生。今天有人出生，也有人死亡，今天有人賺錢，也有人虧錢，今天有人成功，也有人失敗，今天這個日子，如何說是好或是壞呢？

以命理探討婚姻之未來，單憑生辰八字或紫微斗數命盤是沒有辦法，也沒有能力辦到的。因為同生辰者非常的多，同一個時辰出生的人，他們的八字與命盤皆相同，命宮一樣連夫妻宮也一模一樣，可是他們的婚姻狀況與感情世界，卻絕對大不相同。為什麼同時辰出生的人，感情世界，會有如此大的差異呢？到目前為止，唯一的理由是，每一個人的配偶不同，由於結婚對象不同，會產生不一樣的感情互動關係，也因此才造成有人第一次婚姻失敗，第二次婚姻卻幸福美滿。同樣的一個人，不只八字與命盤並沒有改變，夫妻宮也沒任何不一樣，為何兩次婚姻之結果南轅北轍？原因無它，因為兩次的結婚對象不同所致。

所以用出生時辰算命時，未得知結婚對象為何許人之前，所有對婚姻的預言，都只是玩猜謎遊戲而已。從這些理論基礎，既然已知單用個人的命盤與八字，無法決定未來的婚姻幸福與否，則結婚的時辰或日子，對婚姻的影響，就更不足為道了。很多人結婚時，挑選所謂的好時辰，最後還不是一樣離婚呢？

如果公司行號開張時，選個好時辰，就能保證往後鴻圖大展、財源廣進嗎？不必考慮本身所具備成功或失敗的條件？果真如此，那些經營不善或宣布倒閉的公司行號，是否都因為當時沒有選個好時辰開張，才會有如此下場？

從命理探討創業的成敗，必須考慮所從事之的行業是否得當，時機是否適合，個人行運是否能擔當等，和會影響事業前途的任何因素。沒有這些基本條件，就算如何挑選時辰來開張，也是惘然。對於做任何事，深信「看時辰、選日子」的人來說，所求的雖是人生的順暢、如意，本無可厚非也不必苛責，但若演變成動輒得咎、身不由已，那就非常不值得！

人的一生，經歷過無數歲月、日子與時辰，必然有起有伏，有順暢也有阻礙，成功自有其條件，失敗也必有其因。同一天結婚的夫妻，有人幸福美滿，有人離婚收場。同一個時辰開張的公司行號，有人成功發財，有人關門大吉。挑「對」日子或時辰，並無法決定事情最後的結果，成敗之間，人為因素佔有最重要的份量，個人的抉擇與處事原則才是命運的主宰。

金馬玉兔東升西沉，都是自然界必然的現象，若是對人有所影響，應該都是以全人類為目標，不會單獨對某一個人下手。所以瞭解自我、掌握機會的人，每一天都是好日子，每一分一秒都是好時辰。

數字沒有吉凶

臺北市政府曾經宣布，門牌號碼尾數有「4」字的，可申請更改。新聞一出，頓時引起正反雙方不同的意見，贊成者認為這是順應民意，反對者認為這是提倡迷信，此風不可長。

由於「4」與「死」之音雷同，國人受到傳統習俗的影響，往往避諱「4」的數字。君不見全臺灣各大醫院，幾乎都沒有所謂的「四樓」。雖然見到「4」這個字，諸如車牌號碼、電話號碼、居住或辦公的樓層等都盡量不挑選，明知這是掩耳盜鈴的做法，但卻人人可以接受，也沒有人願甘冒大不諱在醫院裏設四樓。

對「4」這個數字的忌諱，嚴格來說與命理或迷信無關，只因為每個人都想討個吉利罷了。一般人對車牌、電話或門牌號碼，還無所謂，如果那天生病住院，有誰願意去住四樓呢？

其實「４」這個字，只是阿拉伯數字排列組合，其中之一的代號而已，本身並不具備有所謂的好壞或吉凶，更沒有陰陽五行的存在。只不過它的誕生比較無辜，與中文或台語的「死」字，發音雷同，而引發大家避之唯恐不及。我個人認為，順乎習俗忌諱者可以避開，不忌諱者可以選擇，實在沒有必要為這種事引起不必要的爭論。

不過，談到「４」字，就讓我們想起姓名學裏的筆劃數字。這是兩種截然不同的涵義。前者是發音與不吉利的字雷同而受排斥，後者卻主張姓名筆劃可以決定每個人的吉凶禍福。

試想，這世間同名同姓者，多得不可計數，尤其在中國與臺灣，他們的筆劃數字也完全相同，也有一些人雖不同名也不同姓，但筆劃數字也是完全一樣，可是同筆劃的人，命運卻大異其趣。可見姓名只是每一個人的稱謂與代號而已，並無其他特別的含意。若迷信遭遇阻礙或挫折時，改個名字就可以平安順利，那誰還需要受教育與生活磨練嗎？更別相信罹患疾病、久病不癒，改個名字就能遠離藥罐子，從此身體健康，生龍活虎一般。如果真的這樣，那所有的醫院與診所，豈不都要關門大吉了？

我們也常聽到某些姓名學大師，動不動就要求人家改名以達到改變命運之目的。試想，如果改名能改運，是不是在鼓勵人們不勞而獲呢？假設今天改了名，算命的能保證此生至死一切順利平安嗎？如果明天或者明年，又遇到不順利時，要怎麼辦才好呢？是不是要再改一次名？

話說回來，如果姓名可以決定每個人一生的命運，以後凡是姓李的都叫李世民，姓朱的都取名朱元璋，姓曹的都喚曹操，以此類推，每個人都取個與古今名人相同的名字，這個社會豈不如同人間仙境，個個成就非凡，哪有做奸犯科與失敗的人呢？

簡單說明，我們應該瞭解數字無好壞、筆劃也無吉凶，在科技昌明的進步社會中，做為一個現代人，應該具備這個基本常識才對。

有人去算命，相士可以一語道出，來者姓氏為何？目前從事什麼行業，兄弟姊妹有幾人、父母健在與否，甚至目前所住房子的方位、周圍環境……等，著實讓人覺得不可思議，猶如神仙降世。依我個人的瞭解，除了通靈以外，傳統的國學沒有如此神通廣大，靈異的力量，絕大多數都是藉助所謂的「神通」，然而神通又可區分為「自力神通」與「他力神通」兩種。

自力神通是靠個人長期靈修，而達到某種神化境界，也就是如佛門所言之六神通。所謂六神通包括天眼通、天耳通、他心通、宿命通、神足通與漏盡通。想具備這六種神通，必須以己之力，經過長期修行才能達到目的。至於能否達到此種境界，全在於個人的慧根而定，外人無法也無能力幫助。且有此神通者，受佛家戒律限制，並不會以神通為人算命。以神通為人算命者，儘是他力神通，所謂他力神通，就是藉助陰靈、靈媒或法術、符咒而得，由於並非本身能力所激發，容易隨著時光流逝而消失。因此常有通靈算命者，突然間功力盡失，與以往之神機妙算判若兩人。

靈異算命的興起，是人們好奇心所致，由於生命的一切，充滿著神秘感，包括前世、今生與來世，沒有人能徹底瞭解自己的前世是什麼，來生又將是如何，也沒有人對未來命運能完全洞悉與掌握。於是產生一探究竟之衝動本能，想藉助神通之力，揭開生命之謎。這些行為助長靈異算命的盛行。

靈異算命給人的感覺是，算過去的事非常靈驗無比，但預測未來之事，卻頻失準頭。為何會有如此大的差異呢？其實道理很簡單，由於過去的事已定，藉助神通可知一切。然而未來之事，參雜了個人的抉擇與時間空間的變化，所以無法一語道破。讀者若不相信，下回遇到神通算命者，不妨請他預告十分鐘後你會碰到什麼事？吃什麼？做什麼？保證讓他啞口無言。

其實冷靜思考，靈異算命縱使能道盡個人心中秘密，對人的命運又有何助益？自己姓什麼、名喚什麼、兄弟姊妹有幾人，這些答案干命運何事？知道又如何？諸如這些不會影響個人行運的事，就算靈驗無比，又具有何意義？至於前世

（如果有前世的話）已成過去，來生將如何沒有人知道，因為今生所做所為，決定來世的去向，今生還未結束，那有來世可言？

命理探討生命歷程，必須依循法則、理論才能為之，並且是一門需具備學術理論基礎的學問。靈異算命是藉助宗教信仰力量的法術來達成，學術與宗教信仰不應該牽扯不清。且學術的探討，絕對不允許怪力亂神的介入，才能在學術領域佔有一席之地。

國學與宗教是不同的領域，風馬牛不相及，不必混為一談，宗教的應該歸於宗教，學術的歸還學術，這是研究國學所面對的嚴肅問題。

改運造命

坊間流行改運造命，有人深信不疑，有人斥為無稽之談，命運真的能改嗎？

談到改運造命，必須先瞭解其真實意義為何？所謂的改運造命，簡單的說，就是把不好的運，改變為好的運，重新塑造好的命運。如果命運真的如算命的所言，能借命理之數術而改變，那麼先決條件，首先就是要確定每一個人的未來命運，皆已在相士的掌握之中，也唯有具備如此充分的條件，相士才能依據每一個人的需求，從事改造命運的工作，否則算命的要怎麼幫被算命的人改運呢？

事實果真如此嗎？要求算命的幫你改運之前，先思考幾個問題：（一）如果相士可以預估每個人未來的命運，那麼就意味著：任何人的命運，從出生落地，就早已是一切命中註定，既然是命中註定的事，又有誰能違抗天命、背離天意去更改呢？（二）如果命中一切皆未註定，就表示每個人的未來命運，都充滿著不可知的變數，既然命運充滿著變數，也就表示吉凶禍福並沒有定論，相士又如何能得知未來之命運，又依據何種理由為人改運造命？

人的命運，由部分「宿命」與部分「非宿命」所構成。所謂的「宿命」就是天生註定，任誰也無法選擇與改變的。這部分大致包含了父母、兄弟、姊妹、家世門風、遺傳基因……等。雖然這部分無法得知因由何在，也無法從命理探討因果關係，但這些所謂「宿命」的部分，卻也深深影響每一個人的命運。至於「非宿命」的部分，並不是一出生到人間就已擁有，而是在成長過程中，依個人的抉擇而決定其未來的結果，如交友、婚配、投資置產、與人金錢往來或合夥創業……等，都是屬於「非宿命」的一部分。

「宿命」的部分，既然是命中註定，又屬於不可探知的部分，誰也改變不了，所以沒有探討之必要。想掌握未來命運，是吉是凶、是福是禍，必須從「非宿命」這部分去著手。由於「非宿命」這部分，可依個人之選擇而決定最後的命運，所以事前的預防與抉擇，重於事後的治療與彌補。

試想一個人如果不選擇玩股票，就沒有輸贏的結果。不選擇投資房地產買賣，就沒有賺虧的答案。不選擇開公司，就沒有未來的成敗。不選擇與異性交往，就沒有結婚的機會。不選擇和朋友金錢往來，就沒有被倒債的風險。不選擇做違法的事，就沒有牢獄之災。由這些例子，可以瞭解命運裏屬於「非宿命」的這部分，一切都因個人的作為而產生前因後果，沒有人可以決定這一切，也無法得知每一個人未來如何選擇與其作為，既然未來是不可預知，又如何去改運呢？

命理對命運的輔助，只是針對個人生命旅程中，在相對條件下分析何事可做，何事不可為，為當事者提供假設性的「抉擇」後的結果，至於最後的決定權還是掌握在個人手中。正因為每個人的選擇不同，才會產生即使同生辰者命運也完全迥異之故。

由於命運中存在著非宿命這部分，也就是命中未註定的部分，這部分是因為個人不同的選擇，而產生不同的命運，每個人都可以依照自己的選擇，來決定自己的未來，也可掌握自己的人生。也正因為如此，生命才有尊嚴，生活才有意義，亦印證佛家所言：今生的一切修為，決定來生的去向。

不可信的準確率

研究命理或找人算命，最大的目的不外乎趨吉避凶。可是許多人往往在被算過命或看了命理書籍後，還沒有達到趨吉避凶的功能，卻先蒙受其害，被嚇壞了。所有的命理書籍，幾乎千遍一律的告訴我們，什麼樣的八字，就會有什麼樣的命運，什麼樣的星座在命宮，就會有什麼遭遇，這種按圖索驥的模式，往往讓研習者不知所措！

舉個例來說，某顆星座落在命宮，照「紫微斗數」書籍所載，必定「命犯桃花」，對某甲來說，有其準確度，然而對某乙卻未見效。某丙因八字裏，天沖地剋而吃上官司，但是某丁也一樣天沖地剋，卻活得好端端的，諸如這種明顯差異的情況不勝枚舉。因此以偏概全者為人算命，用於某甲準確率奇高無比，同樣的法則用於某乙時，卻頻失準頭。但人們總是健忘的，往往只推崇算準的那部分，而絕口不提算不準的那部分，這種捉摸不定的準確度，我們姑且稱之為「模糊性的準確率」。

在我們的社會裏，充斥著「模糊性的準確率」的並非只有命理界，宗教界也不落人後。君不見坊間善男信女一有疑難雜症，便尋求神明幫助，求助神明而成功的人，對於廟宇的回報，不離演戲酬神、送金牌、添香油錢，或者致贈匾額，以報答神恩，所以廟宇裏到處是各方人士所贈之敬謝匾額，神明身上掛滿了信徒所奉獻的金牌。這種行為，不僅為廟宇得到豐碩的物質回報，也凸顯廟中神明的靈驗，於是一傳十、十傳百、百傳千，香火鼎盛，信徒更是絡繹不絕於途。然而在宣揚「靈」和「準」的同時，卻忽略了有其他更多的信徒來許願、求助，而沒有靈驗的另一面。

我曾開玩笑的向某寺廟住持建議，以後凡是來廟裏求願，而無法達成心中願望者，是否應由廟方出具一張「不靈驗證明書」，證明書如下：「茲有某某人，於某年某月某日因為某事而至本廟（宮）祈願求助，但事與願違，沒有靈驗，特此證明，某某廟（宮）啟」。如此一來才算公正公平，可以讓世人瞭解在「準」的背後，神明也有不靈的時候。

同理，當你下次找人算命時，也應如法炮製一番。算準的包個大紅包，甚至送個感謝匾額，但算不準時，是否也請大師們開具一張「算不準證明書」以茲證明相士也有失靈的時候，以免世人一味宣揚和炫耀算命師的「神機妙算」，而隱藏了其背後更多算不準的事蹟。

「模糊性的準確率」，對於被算命者與命理研習者，沒有什麼幫助，更別說要趨吉避凶了。

一位小女孩，讀高中二年級，在學校或在家裏與誰相處都極融洽，唯獨和其父水火不容，任何一件小事，都可能使父女二人怒目相看、惡言相向，令其母痛惜不已。

人與人的相處，包括血親或非血親之人際關係的互動，本來就是沒有定論的，這一切要看其所面對的人是誰而定。對同學或朋友好，不見得對兄弟姊妹就好，對哥哥好，不見得對弟弟就好，同理與母親相處融洽，不見得就與父親投緣。

以命理的角度來看，相處融洽者，就是兩人的命盤或子平八字相契。所謂相契就是契合，也就是互相吸引，不融洽者，即是兩人的命盤或子平八字不相契，互相排斥。因此在探討兩個人的互動關係時，必須擁有兩個人的命盤或生辰八字，才可探討其互動結果，而不是以一個人單一的命盤，或生辰八字來決定其與他人的關係之互動。

可是話說回來，我們往往忽略了，時間在生命中所佔據的重要性。命盤與子平八字都不是永遠停留不動的，而是會順著時間而運轉，因此就有所謂的「行運」，而且每個行運的個人條件與外在環境，都大不相同，也因此才會產生個性、行為、價值觀……等等之變化。所以人的個性、行為和想法，都會隨著時光的流逝而自我改變，永遠不會固定的。君若不信我所說的，試問十歲的你、二十歲的你與現在的你，在個性或行為、價值觀上會相同嗎？對社會的認知會一樣嗎？

由於這些時空變化，於是會產生如下狀況：以前是乖巧孩子，現在卻變壞了。小時候壞得不得了的孩子，長大後則變乖了。父母與孩子間的互動關係，也是隨著時間與外在環境之不同而有差異。以這個小女孩來論，目前與父親相沖，並不代表以前或未來，也必然與其父親一直處於水火不相容的情況。欲改善父女間之不良互動關係，理應找出其癥結，雙方善加自我改進，才不至於愈來愈惡化。為人母者，更應充當兩人之間的潤滑劑，在最不相契的行運中，將傷害減至最低的程度，等到換了行運後時空變換，兩人之互動關係就有機會加以改善。

最後，我想強調的是人與人相處，影響的因素實在太多了，不能完全依靠命理來解決。為人父母者理當最瞭解自己的小孩，如果父母親都不關心自己的子女，外人也愛莫難助，現實的主觀客觀條件也都必須參考，否則無法對症下藥，也無法改善相處的態度。

為什麼叛逆

很多為人父母者最頭痛的就是為什麼老大聽話，而老二卻很叛逆，或者是小的善解人意，大的就是愛頂嘴，一樣父母生的小孩，親子關係為何有如此大的差異呢？

以佛家的眼光來看，親情緣份是牽涉到前世因果的，也是一般凡人無法探討的。但若以命理的角度來論，則就是所謂的相契與不相契了。相契者，溝通良好、互相體諒、感情融洽，不相契者，話不投機、互看不順眼，這些互動關係，亦因遭逢的人不同而有差異。比如孩子與父親常起衝突，對母親卻百依百順，有的對父母孝順有加，對兄弟姊妹卻刻薄得令人受不了。

要得知誰與誰相契合，或誰與誰不相契合，並非如傳統算命方法所說的，以一個人的生辰八字或紫微斗數命盤就可以決定。而是需要將家庭成員，每一個人的生辰八字或命盤拿來互相比對，才能瞭解其中的奧妙。

有人天生反叛性強，並不代表其對任何人都是一樣的態度。況且時間與教育也可以改變人性，就算父子或母子間互動不相契，只要耐心教養、互相溝通，總有一天，一樣可以改善親子關係的，畢竟人是感情的動物，並非如禽獸般。

小孩子一時的不聽話或叛逆，從命盤中隱隱約約也可以一探究竟，因此，為人父母者若可事前預防，善於開導，也可以改變其往後命運。以行運來說，化忌星若進入子女的流年財帛宮時，須注意其理財能力與用錢方面是否得當。化忌星進入其遷移宮時，要小心他的交友，以免為朋友所害。化忌星進入事業宮時，則應特別注意其在學校與同學或老師是否有衝突。化忌星進入福德宮時，要留意其思想變化與憤世嫉俗，要修正其行為與思想之正當性。如果化忌星進入命宮時，要觀察其個性與行為的變化，此時的他，恐有排他性格產生。

這些不良徵兆，都因每個人行運不同而隨時改變，當這些外來因素產生時，很自然的會影響一個小孩的情緒與行為。如果不加以瞭解，難免產生親子間互動不良，反之如果為人父母者，對於孩子的一舉一動能觀察入微並即時修正，再與之互相溝通，如此一來，哪有孩子不對父母交心，親子之間哪會產生什麼代溝呢？

嚴父慈母或嚴母慈父的角色，夫妻間要隨時互換立場，面對不同的子女，就需要扮演不同的角色，親子關係如能建立在互信的基礎上，相信頑石也總有點頭的一天。

家運

喜歡算命的人，所問的問題，幾乎是婚姻、事業和家運如何。

我不太瞭解所謂家運指的是什麼？若有所謂的家運，應該以誰的運為準？因為一個家庭的組成份子很多，有父親、母親、兄弟、姊妹或子女，甚至還有祖父母等。如果風水或算命能談論家運的好壞，能否告訴我們，這些組成份子中，哪一個人好？哪一個人壞？

家庭中的每一個人，命運都是獨立的，雖然避免不了互動關係，但行運的好與壞都是每一個人所獨自擁有的。有時候父親行運差，並不代表兒子也運氣差，有時父親行運好，並不代表所有家人都好運氣。

「家運」這個名詞實在太籠統與含糊了，坦白說連我也搞不清楚何謂家運？有人生意發財時婚姻卻失敗，有人事業成功時，小孩卻出事犯法，有人一帆風順時，父母卻因病亡故。老大讀書一直名列前茅，老三卻是年年吊車尾，兒子娶媳婦全家喜氣洋洋，同一年裏女兒卻離婚回娘家。金孫誕生慶幸傳後有人，家中老者卻突然辭世，這種種所發生之事，都包含在家運的一部分，在所謂的好事與壞事都同時發生時，要如何斷言家運到底是好還是壞呢？

舉兩個例子供大家參考，有一位大老闆，事業非常成功，三個兒子一個女兒也都有不錯的成就。然而有一天，其中一個兒子因車禍受了傷，折斷了右手，這位老闆仁兄就到處訴說他的家運欠佳，這種說法有誰可以接受呢？還有一位官場朋友，官位不

小，社會地位崇高，兩個兒子一位當律師、一個只讀到高中畢業就不再升學了。高中畢業的孩子，因為學歷不高的關係，常常找不到理想工作，故而常換工作，於是這位仁兄就認為家運不好，才會造成二兒子工作的不穩定，這種理由未免大牽強了。

如果只因為家中有一名成員的成就，未達到一般人所認為的理想標準，家中的某一個人事業沒有出類拔萃，或者只因為家中成員發生意外或受傷，一切歸咎為家運不佳之故，這種說法，很容易犯了以偏概全的毛病。

人活在世間，不僅需要接受學校教育，也需要生活的磨練。有了這些經歷我們才具有常識與知識來判斷是非，對於某些事的看法，理應客觀以對，不能以偏概全。因為人生面對的事，實在太多太多無法計數，若以家族中某一個人或某一件事，就想替整個家族的命運做決定，或想加以探討，有如瞎子摸象根本不切實際。因此所謂家運之好壞，也絕不是相士一句話就可一筆帶過。

誘人的桃花

見到台灣報紙社會版刊載，有一名女子因為婆婆聽信算命師之言，認為她命帶桃花，婚後容易有婚外情，她先生得知算命的答案後，便常常無緣無故毆打她，終於造成兩人離婚收場。這類因算命而引發的不幸事件，在我們的社會裏耳聽目睹，實在是多到不可勝數。

現代社會發達，人與人的交往愈趨頻繁，每個人都有與異性接觸的機會，就算已婚者也無法避免。然而，是否有外遇或桃花，卻全在個人的抉擇，如果堅持不要，相信不只桃花不會來，其他的菊花、櫻花……什麼花也不會跟著來。如果堅定拒絕誘惑，應該不會有外遇的發生。由此可知個人的作為與抉擇，決定桃花有沒有的結果，也因此每個人的選擇（要或不要）是桃花與外遇是否成真的最後防線，而不是算命來決定有沒有桃花。

算命的一句話可以左右人家的婚姻，可以摧毀別人的家庭，這種影響我們不能輕忽。所以在被算命之前，任何人都應該對命理有所瞭解，也須具備一點命理常識，才不至於為不肖的江湖術士所言而困惑。其實要瞭解相士所言是否真假，就算不懂命理也絕非難事，首先自我判斷，相士所說的一切，是否合情合理和合乎現實生活。如果違背了這些基本原則，就算他所算的事有多準確，也不足採信，因為任何事不能脫離現實之故。

在此提供讀者幾個方式參考，以免下回上當受騙：

（1）以單純的出生時辰，如紫微斗數或子平八字，就可以決定一個人一生吉凶禍福的命理不可信。因為同時生者有很多人，這些人豈不是個個命運皆要相同？

（2）以面相就推斷人的一生命運，這種相術也不無疑問。因為俗語說：「相由心生、面由心變」，從這句話我們可以得知，人的面相會由個人的所做所為而改變，也就是每個人的面相並未定論，還需視其往後行為而定。然而相士絕對不知個人往後的作為，又如何斷定被算命者未來之命運呢？

（3）相士說花點錢就能改變命運，或者動不動就鼓勵被算命者，以祭拜方式來祈求好運到來者，絕對不可輕信。因為每個人的命運並沒有定數，既然命運是未定數，相士如何得知未來命運之定數？其所謂「改運造命」都是不可靠。

（4）傳統習俗所認定的桃花，好像都是指婚外情或不正當的男女交往。我個人認為若是已婚者桃花旺，當然可以稱為濫情，但未婚者與異性的正常交往，應該是天經地義的事。如果所謂的桃花旺，不也表示此人異性緣佳嗎？這種兩性正當的交往應該給予正面的肯定，不能一味的把桃花都當兇神惡煞來看待。

命理的創設目的，標榜的是這門學術有「趨吉避凶」的功能，如果未避凶之前，就讓人先受害，這種論命之道，我們就不知道它存在的意義了。

金榜題名

在臺灣參加高中、大學聯考，或高普考、中醫特考，從命理觀看當事者的命盤，是否能得知金榜題名或者名落孫山？依筆者的見解，答案應該是不能也不行也！

常在報章雜誌，電子媒體看到或聽到，探討這類考試的答案。而命理大師們也會給聽眾或觀眾以及讀者們一個肯定的答案。稍微具備常識的人，應該思考，一個人參加考試是否如願過關，應該與其命運或當時的行運，沒有必然的因果關係，金榜題名與否，應該是取決於平時的學習程度和努力而定。

有一位朋友，具有碩士學歷，一心一意想參加中醫特考。由於中醫這門學問，和他在大學和研究所，所學之科目完全不相同。因此請問我，從他的命盤能否看出考試是否能夠順利過關。我首先問他研習中醫相關課程多久了？其回答已有一年整，當時我毫不猶疑的告訴他，考中醫特考需研讀非常多的科目，且與你求學過程，幾無相通的學問，只準備一年就想錄取，不用算命，用常理判斷，也很難金榜題名。

朋友反問，人的考運有好有壞，命理若不能探討考運順利與否，還有其存在的價值嗎？說的一點也沒錯。人確實有考運好壞的分別，但考運好壞並不決定一個人必能金榜題名或名落孫山。有人考運好，但平時不努力，成績奇差無比，只因為流年考運佳，就能金榜題名嗎？有人考運稍差（包括生病、緊張……等個人因素）但平時在學校的學業成績都名列前茅，就算一時有所失常，一樣能考取，差別的可能只是前後志願而已。

尤其是中醫特考，是屬專業性的技術行業，與個人學歷無關（除非受過正統中醫教育者），沒有考前的充足準備，就算有再高的學歷或再好的考運，也無法輕易上榜。任何考試的成敗，平時的努力和準備工作，幾乎已決定了最後的命運，人不應該存著投機取巧的心態，只期待好運的到來，而忽略了應該具有的基本素質（個人條件）。

一個平時成績已達錄取標準的考生，若考運好時，只是幫助其達成心願，但即使考運較差，也不會一敗塗地。只要降格以求，一樣能金榜題名，反之，一個平時不努力，成績也非常差的考生，即使當年考運特佳，也於事無補，想過關並非容易的事。

許多為人父母者，在考前忙著帶子女，到處求神拜佛，以為如此就能使他們的子女考場如意，考試順利過關，這種臨時抱佛腳的心態，只不過是在自我安慰罷了，用現實的觀點來衡量，根本無濟於事，徒增考生的身心勞累。

一分耕耘一分收穫，在考試的時候，有了最佳的詮釋。想達成理想願望，只有靠平時的多用功多努力，充實自己的實力，若以佛家眼光來看，這也是一種因果關係吧！

天下沒有白吃的午餐，成功者的背後，絕對不是等待好運的到來，而是與自身的努力有必然關係，在未知考生素質（個人條件）之前，如果一味想從命理得知結果，無異於緣木求魚。

刑與剋

有一名小孩出生，家人拿生辰八字去算命，結果相士說此小孩「命硬」，恐怕日後對父母曾有刑剋，於是建議其父母替他認義父母，也就是臺灣人俗稱「吃水米」，如此才能化解對生父母之刑剋，並確保往後小孩成長平順。這種說法我覺得大有疑問，話說回來，如果剛出生的小孩，真的命硬到會刑剋親生父母，難道就不會刑剋義父母嗎？

依筆者個人的瞭解，在紫微斗數裏，如果命宮三方四正帶有煞星者，傳統的相士論法，幾乎是千篇一律的，推斷為刑啦！剋啦！或者命硬啦等。而所謂煞星就是擎羊、陀羅、火星、鈴星、地劫和地空等星座，也有人認為命中有煞星者，成長過程中容易受到意外傷害，不是常常摔跤就是割傷等等，更有人認為與六親無緣。

其實這些論調都是以偏概全，煞星帶命的人，並非人人如相士所說，其命運就如此不幸。以意外事件來說，我個人認為並非命理所能探討的，若以命硬論來看，也有孩童命帶煞星，還不是一樣早年夭折，生命如此脆弱，哪有什麼命硬可言？至於所謂刑剋父母，那更是無稽之談，因為父母自有其命，成敗與否，與一個剛出生的小孩根本無關。

有些相士推論命帶煞星者，與六親無緣，或者較不易與親人溝通。我認為探討這類問題，需視個人條件不同而因人而異。試想同時生者其生辰與命盤皆相同，如果其中一個人「命硬」真的和父母不和，和六親無緣時，難道和他同時出生的人，都與父母相沖，與六親無緣嗎？答案絕對是否定的。

為什麼同樣帶有煞星者，會有如此大的差異呢？道理很簡單，每個人面對的父母不同，面對的親人不同所致，由此可知，要得知小孩與誰有緣或與誰無緣，還需視雙方的條件而定，絕對不能信口開河，而造成不可挽救的局面。依我個人的經驗，命中有煞星者，普遍屬於好動型，在孩童時期由於太過好動，以致容易跌跌撞撞受意外傷害。但這一切並非絕對性的，只要父母瞭解其性，事先防範，就可降低孩子受傷的機會。另外，此型的孩子，也有其特長，就是具有運動細胞，如能善加培養，不但他個人可滿足其才華，獲得發揮，而且說不定又是一個楊傳廣、紀政，可以揚威中外體壇。從這點我們可以瞭解，命盤中的星座本身具有的意義，都不宜單方面解釋或斷章取義的。

還有人擔心，當了「命硬」小孩的義父母後，會不會有後遺症。譬如沒剋到生父母的煞氣，反而剋到義父母身上。在此，我要請各位放一百二十萬個心，因為所謂的「命硬」這個假設不成立時，親爹娘都不用怕被孩子沖被孩子剋，那當乾爹娘的又有何恐懼呢？

命理的因果關係

有一個小男孩，讀小學四年級，在校成績名列前茅，品性操守皆為優等，是師長與同學們眼中的優等生。有一天半夜裏，其母親趁上廁所之便，看他睡得如何？結果房門一開，裏面空無一人，著實讓其母大吃一驚，叫醒其夫，兩人分頭至外找尋，結果卻發現這小朋友在某電動玩具店，專注精神，大打電動玩具。回家後問明緣由，才如其子這種行為已有一段時間，且打電動玩具所需費用，皆是趁父母上班不在家時，偷取而來。為了讓兒子能改變惡習，其父母求神、拜佛、算命、上卦樣樣皆來，結果未見改善，反而一犯再犯，不知如何是好。

其實只要是人，就有犯錯的機會。一個未懂事的孩子犯錯，其關鍵在於家庭教育學校教育出了問題，一般父母往往將教育責任推給學校，反而不在乎家庭教育的重要性。小孩的行為有偏差，從命理的角度來探討，固然有其蛛絲馬跡可尋，但要完全依靠命理來解決問題，卻是緣木求魚，因為同時生的小孩裏，其他人並沒有犯下一樣的行為，有偏差行為的產生，完全是個人因素所致。而這些個人因素，就包括了：家庭、學校、生長環境、人際關係……等等，會影響人格成長的外在條件。忽略了命理以外的影響因素，本末倒置想從命理得到解決方式，永遠也無法解決問題。

青少年犯罪行為，已構成社會問題，有人甚至因而坐牢。從命理的角度來看，畢竟有其不良的干擾，但這只是問題的徵兆而已。如果這些犯罪的年輕人，在選擇做出罪行之前，有良好的管道疏通與教導，而改變了犯罪的行為，他們就不用因其所犯行為付出代價去坐牢。由此可知其坐牢與否，取決於他們是否願意去做或不做違反法律的事，完全屬於「因果關係」，跟命理根本扯不上關係。絕對不能以一句「行運不佳」或「命運不好」來做藉口，而不去探討其所犯行為之前因後果。

至於個人行為是否違反法律或道德標準，這不是每個人天生就具有智慧判斷，而需靠教育與生活磨練來得知，因此無論任何人種，任何宗教信仰者，還是需要靠教育的改造，來達到淨化人性的目的。

命理對人生的影響，在於預防重於治療。何事可做何事不可為，至於最後的決定，還是取決於當事者。好比醫生告訴你，抽菸會致癌，抽菸或不抽菸，就取決於個人的選擇，醫生也無法幫你決定。

小孩出問題，拜神求佛不會改變其行為，找人算命也無法解決問題，要改變其行為，唯有靠為人父母者如何去教導。父母為了做生意，沒有空暇照顧小孩是原因之一，而其偷竊行為一而再、再而三，父母也未曾發覺，這是為人父母者之疏失，不能歸咎於小孩生辰八字，或命盤有不好的行運。

包山包海的算命術

朋友的小孩個性內向、不善於表達，漸漸地其父母發覺有自閉症之傾向。從命盤來論，這種現象必有其徵兆，但最令人困擾的是，相同徵兆的大有人在，然而卻未必每個擁有相同徵兆的人，都一樣有自閉症的傾向。由此可知，統計學用於命理，還需加一把勁。

所謂自閉症，顧名思義，就是自我封閉。一個有自閉症傾向的人，不善表達，更不善於言語形容。筆者曾見過一些成年人自閉症者。產生這種症狀，大約不離三種原因，一種是受到外力的打擊而產生；一種是生活上或工作上產生壓力而造成；另一種是潛伏的基因，突然的爆發所致。但以一個涉世未深的小孩來說，前二種原因幾乎可以排除，所以也無法從命盤得知，到底為何會有自閉症。

從命盤來看，命宮代表自我，自閉症者往往是此宮位受到忌星干擾所致：可是命宮有忌星干擾者，又不一定會產生自閉症的徵兆，尤其是個性內向的人，也並非都具有自閉症之傾向。

有病找醫生，是永遠不變的真理。對一個命理研究者來說，自閉症者的個案研究，並無法得到放諸四海皆準的理論，所以不能以單一的事件，就武斷的說什麼徵兆產生，就必然有什麼病發生。在沒有最好的醫療方法出現時，我只能建議其父母，設法讓其參加團體活動，多與別人接觸，才有機會改善自我封閉的情形。由於有了自我封閉的行為，必然排斥群體生活或群體活動，如果能在適當時機下，誘導其參加群體活動，可能對自閉症的行為會有某些改善。

於是其母親鼓勵其參加社區球隊，開始時未見有何改善，回家後還是一語不發。漸漸地因榮譽心作崇，常常在比賽後或友誼賽後，會主動告訴其父母，今天會輸球，並不是我疏忽，而是某某人失誤所造成，或者，今天的贏球是因為我打了一支安打所致，慢慢地融入了團體生活，也漸漸地開始有了自我表達的機會。

以這種個案來論，我不認為對每一個自閉症傾向的小孩皆能產生一樣的效果，最重要的還需具備二個因素：（一）是個人的行運不同，同樣的活動，有時可被接受有時會遭排斥，必須找出適當時機而為之，不可一概而論。（二）是每個人興趣不同，必須找出最適合的個別活動去誘導他，再加上醫療行為配合，就算不能改善，相信也不至於惡化。

家中出現自閉症者，固然是不幸，但這是任何人無法預料或拒絕的，當不幸的事發生時，必須儘快找出解決的對策，絕對不可輕信求神明、改風水、換陽宅……等，就能將一切問題解決，這是不切實際的想法，也不是一個具備科學知識的現代人所應為之的。

算命的目的就是「趨吉避凶」，不僅要知道問題的所在，更要找出解決問題的方法，如此一來才有其存在的價值。

恐怖的食物改運法

前幾年，臺灣民間風行食物療法，也就是用食物來改善身體機能，而達到治療的效果。曾幾何時，這股歪風也吹到了命理界，一些「順應潮流」者移花接木，提倡起食物改運法來。

最近我也常被一些朋友問起，某些相士建議吃特定的食物可以改變人的命運，甚至能改變考運，究竟有無根據？能否相信？

據我個人的瞭解，坊間提倡食物改運者說法甚多，其中竟有人建議被算命者生食豬的內臟，說每天數次每次數片云云，即可改變個人命運，包括婚姻、事業、考試等等，並誇稱效果宏大，也因此有不少朋友欲問緣由，實在是無法回答。

姑且不論其效果靈不靈，先談談衛生問題吧，據某些媒體報導，部分不肖養豬戶為了促進豬隻成長快速，常在飼養過程中，給豬隻注射藥物，這些藥物就長期累積在動物內臟裏。以今天科學的眼光來看，這種內臟即使煮熟了都不太適合人類食用，何況是生食呢？因此，生吃豬隻內臟的行為，不僅不衛生，提倡這種改運方法者，更是不道德！

進步的社會裏，竟然有如此荒謬的理論，這根本不屬於命理的一部分。但很多掛著算命的招牌，做的卻不是算命的的方式，掛羊頭賣狗肉的惡劣行為，卻讓命理界承擔這責任，也難怪傳統命理常被誤認為旁門左道、怪力亂神，甚至被知識份子所唾棄，實在是令人慨嘆。

其實不論人的命運，或是未來的成敗，很多答案都已決定在今日所作所為。欲改變自己的命運，理應從現在開始，從本身做起，而非依靠外力或外物來達成。我們實在很難去相信，一個人吃了什麼食物，從此運氣就會一帆風順，不切實際的改命造運方法應該被淘汰。

天底下絕對沒有白吃的午餐，也沒有天上掉下來的禮物。成功之人必有其實力做後盾，如果遭遇困難或挫折，沒有去追根究底找出失敗的原因，而加以改進，甚至記取教訓，反而本末倒置地去追求以「外力」改變命運，不僅不切實際，恐怕有一天還會因此而受害。

因此，對於一些朋友的問題，我雖然無法回答，不過在此要強調一下，假如你的小孩參加考試，不考慮其平時成績與素質，聽信江湖術士之建議，生吞動物內臟，就可讓平時成績不佳的孩子一夕翻身而金榜題名，你相信嗎？由此類推，也請聰明的讀者們，仔細思考這事的前因後果，自行做判斷，才不致盲從迷信，人云亦云了。

選個好時辰剖腹生產，果真如命理師所言這麼重要與靈驗嗎？我舉一個真實的例子，給大家參考吧！

數年前日本某電視臺邀請了十位同年同月同日同時生的來賓，也同時邀請十一位學者專家，節目中由每一位學者專家發問一個問題，由十位來賓回答。其問答如下：

問：請問各位的父親皆從事何種行業？

來賓：士、農、工、商，各行各業都有。

問：請問各位的學歷為何？

來賓：各種學歷，上自博士，下至初中畢業皆有。

問：請問各位體重與身高？

來賓：高矮瘦胖皆不相同。

問：請問各位是否已結婚？

來賓：有人結婚，有人未結婚。

問：請問已婚者，其中是否有人離婚？

來賓：有人離婚，有人沒離婚。

問：已婚者，有生男育女者請舉手。

來賓：有人舉手，有人沒舉手。

問：請問各位目前從事何種行業？

來賓：老師、公務員、醫生、農夫、工匠，各行各業皆有。

問：請問各位喜歡運動否？

來賓：有人喜歡運動，有人不喜歡。

問：在座各位是否皆有宗教信仰？何種宗教？

來賓：有人有宗教信仰，有人沒有，且有宗教信仰者，其信仰也各有不同。

問：認為自己從出生至今，命運一帆風順者請舉手。

來賓：有人舉手，有人未舉手。

問：各位皆是同時辰出生者，認為命運相同者請舉手。

來賓：沒有任何人舉手。

由以上這個例子來看，雖然這十位來賓皆為同年同月同日同時生，無論以子平八字或紫微斗數來論，其八字或紫微斗數命盤皆完全相同，沒有絲毫差異。可是依專家學者所發問的問題，與在場來賓的回答來看。即使同時生者，生命歷程中並沒有任何交集點，包括父母成就、個人婚姻狀況、學歷、工作……等等，皆大異其趣。這種問答結果，是否已明確告訴我們，一個人的生命歷程，包括過去與未來，並未受出生時辰之影響而決定其一生之命運。若單獨用出生時辰來算命，很多答案會錯得離譜。

為什麼同時生者，子平八字相同，紫微斗數命盤也相同，甚至連星座也一模一樣，但他們的命運竟然有如此大的差異呢？這無非是他們的出生環境不同（先天命）與後天成長環境影響所致。由於先天命是無法由個人選擇的，所以有人出生富貴家庭，有人出生在貧困人家。然而在現代社會裏，這種出生背景，對未來命運雖有些許影響，但已無絕對支配之力量，所以未來的一切，皆是由自己來決定命運。

也因此，後天行運才是影響一個人一生最重要的關鍵，機會加上選擇，決定每個人的命運。也因為每個人的機會與選擇不同，所以即使八字與斗數命盤相同的人，他們的命運還是完全不相同。

從種種跡象顯示，我們可以瞭解，出生的時辰並沒有決定一個人的未來，所以時間應該沒有所謂好壞之分別。挑選所謂的「好時辰」而剖腹生產，不僅沒有意義，且還是一種迷信和期待不勞而獲的行為。

不同命運的雙胞胎

任何人誕生於世，就擁有了生辰，於是很自然的將這個生辰，誤認為全世界只有自己所獨有。因此在算命時，常以為只要提供自己的出生時辰，就可得知自己一切想要知道的過去與未來。沒有研究命理者有此不正確之觀念，還無可厚非，但是一個從事命理工作者，還心存這種不符合邏輯的想法，就值得推敲了。

我常常被人問起，「你看，我的八字好不好？」或「我的命盤如何？」有時真是無言以對，不知如何據實以告。因為如果生辰八字有好壞的分別，那麼同生辰的人就會有相同的好命或壞運。傳統的命理學，就是無法突破這個同時出生的盲點，而漸漸為人所排斥。

兩個同時辰生的人，不會擁有相同的婚姻生活，不會從事相同的職業和工作，也不會擁有一樣的財富。這種結論，造成雖然八字和命盤相同，而往後命運卻有極大差異，主要因素在於一個人的出生背景、家庭與學校教育、成長環境、人際關係、個人興趣、人格培養和價值觀念等等不同所致。

記得有位朋友曾經提及，其所見過的雙胞胎命運近乎相同，也提起章孝嚴（已改為蔣孝嚴）和章孝慈雙胞胎兄弟。說他們兩兄弟學歷相當，社會地位相似，豈不是證明同時辰生的人命運相同？

其實這位仁兄誤解了「命運相似」的真諦，因為一樣當總統的人，命運也都不盡相同。以章氏兄弟來說，雖然為雙胞胎（註：筆者無二人之生辰，不知是否為同時辰生），就算時辰也相同（二個小時內），也同樣擁有相同父母，可是命運還是不一樣的。

試想，章氏兄弟，各娶不同的女性為妻，他們的婚姻狀況、家庭生活會一樣嗎？一個從教一個從政，在外人眼中，雖然都是功成名就，但是兩個人內心的感受與目標會相同嗎？兄弟二人的財富也會相同嗎？至於兩人的個性、價值觀也會隨著周遭環境不同而有所差異。

一對雙胞胎在同樣的家庭成長，往後的命運都會有如此大的差別，何況是背景因素完全不相同的同時辰出生的人。只因為他們「同時辰誕生」，命運就應相同嗎？這樣的算命方式，實在是有些說不過去吧！

如今章孝慈不幸於數年前因病亡故，他的生命歷程已經結束。而章孝嚴卻一樣生龍活虎，照樣在當他的立法委員。這種例子是否告訴我們，同時生的人，無論其八字或命盤雖然相同，但命運卻是完全不相同的。也因此算命時，只憑一個生辰，根本不能，也不行評論其個人的命運，包括其過去與未來。

有一位朋友意外摔傷，很多算命先生紛紛說，可以從他的子平八字、紫微斗數命盤裏找到摔傷的理由，甚至推算出受傷的部位。可是大家都忽略了，這個八字或命盤，並非這位仁兄一個人所獨有，而是有非常多的人共有。用一個很多人共有的八字或命盤，探討這位仁兄的意外災禍，那豈不是意味著，相同八字或命盤的人，都要在相同的年份相同的時間遭受意外之災，甚至連受傷的部位也要相同？如果答案是否定的，也就是相同八字或命盤的人不會在同一年度裏摔傷，那麼這種算命術，就是在「套」命，已知事實再找尋答案。

被算命之前，若具有正確的命理觀念，就不容易再受騙上當了！

好運與壞運的分野

研究命理，無論子平八字、紫微斗數、手面相……等，相信大家最關心的事，就是如何來界定，什麼時候走好運，什麼時候走壞運。

其實生命歷程中，根本無所謂的好運與壞運之分。今天的成功，可能是昨天所種之因，今天只不過是坐享昨天之果而已，如果沒有昨天所種之「因」，哪來今天的成功之「果」呢？因此不能因為今天的成功，就斷定今天是好運。同理，今天的失敗，也不能依此判定今天走壞運，如果先前不種「惡因」，就沒有今天之「惡果」了。

再者，好運與壞運又該如何界定呢？

●有人在同一個流年裏，事業成功發大財，但婚姻卻失敗，這種行運是好運或壞運？

●有人投資股票，獲取暴利，卻得了重病，這種行運是好還是壞？

●有人擁有三家公司，到了今年，三家公司賺虧不同，其中有賺有賠，該如何界定今年運勢是好是壞？由此我們可以得知，在同一流年或行運中，某些事是屬於好運，某些事卻屬於壞運。在好運與壞運的取捨之間，是否應該分類探討，而不是一味的推論整個行運的好壞。

有位朋友在2007年底與2008年初，各打了一場官司，2009年底時，這兩場官司同時結束，結果一勝一負。勝訴的官司是對方需賠償其兩百多萬元，而其敗訴的官司，卻被判了有期徒刑一年兩個月，且不得緩刑，如此一來勢必坐牢。若以2009年之流年來推論，其行運是好是壞呢？好運是可獲得兩百多萬元的財富，壞運是必須進監坐牢。同一年裏，不同的官司有如此差異的判決，這種流年運程該如何判斷好壞？由這例子是否證明，若不考慮先前所種之「因」，如何能推論往後之「果」呢？

以「因」推「果」，不僅是佛家所倡言，更是研習命理者所需具備之基本常識。因此，任何人只要不種惡因，就沒有承擔惡果之風險，如此一來才能將趨吉避凶之功能，發揮得淋漓盡致。

命理本身若沒有相對條件輸入之時，根本沒有預知未來之功能，也因此無所謂好運與壞運。好比一個人沒有玩股票，就不可以推斷其賺虧。一個人沒有結婚，就不能推論其婚姻成敗。當被論命者，提供了相對條件時，命理才能發揮其分析未來成敗的功能，一切成敗，皆因當事者的選擇而定。如果沒有選擇，就沒有往後成敗的答案。既然如此，命理就沒有推論行運好壞的能耐了。

所以我一直強調，命理是一門「選擇學」並不為過。同樣投資事業，選擇投資甲是成功，選擇乙卻是失敗。老闆要應徵員工，選擇甲是既忠心又能幹，選擇乙是忠心而不能幹，選擇丙是不忠心也不能幹，選擇丁卻是不忠心但很能幹。能幹與忠心之間的取捨，全部由老闆決定，才會產生如上這麼多種結果，完全與所謂的玄學、神秘學、預知學無關。

奉勸初學者，千萬不要老是在命盤裡死打轉。相同命盤的人選擇行業不同，就會有不同的成就。工作性質不同，就有不同的收入。配偶不同，就有不同的感情生涯。沒有相對條件的加入，命盤永遠是死的，它沒有好運與壞運之分。

宿命與非宿命

俗語說：「不是這家人，不入這家門」，由於這句話的影響深植人心。因此在傳統的社會裏，絕大多數的人，都相信姻緣前世已定，今生只不過是來盡義務罷了。錯誤的人生觀，造就了多少悲歡離合，更讓人感覺對生命的無奈。

如果有前世的話，用命理的眼光，應該是我們不可選擇，且應該歸納在「宿命」的那部分。如父母、兄弟、姊妹、子女、遺傳、家世門風等，由於任何人都沒有能力來改變「宿命」，將這些事項歸因於前世業力所影響，還情有可原。

婚姻之形成，卻與這些宿命無關。因為現代人的婚姻，首先需有機緣來相識，進而相互交往，彼此瞭解，當情投意合時，再論及婚嫁。從相識到步入紅毯那一端，中間的過程，需參入個人意識的選擇，如果缺少「選擇」這重要因素，一切都是空談。

「宿命」的部分，為何稱之為宿命，由於那是與生俱來而無法選擇的。但是婚姻的形成，還有選擇的因素存在。由此可知，將婚姻的成敗，歸因於前世因素，實在不合情理，也近乎荒謬。

因此婚姻失敗，不必歸罪於前世業力，而該自我反省與檢討。當對象出現時，兩人所產生之互動關係，是否讓你決定攜手共進走向人生。如果是的話，那麼往後共同生活開始，產生的摩擦與衝突，非你個人能力所能解決，只能怪罪自己，對配偶不甚瞭解。或者沒有盡力去消除彼此之間的摩擦因素，豈可將其因果，本末倒置的全推給前世來承擔。

探討婚姻成敗，絕不只是單純的感情因素，夫家、娘家、子女、事業、錢財、外遇等問題，甚至性生活不協調，都足以使一個原本幸福美滿的婚姻產生裂痕，甚至分道揚鑣，豈可一筆帶過的說，那是前世因果所致？

從命理的角度看婚姻，也同樣需要將會影響婚姻成敗的因素，一件一件的帶入命盤來討論。因此在推論過程中，定宮就成為非常重要的基本步驟，如果定宮錯誤，想得到正確答案，那有如瞎子在摸象。

夫家應該定在哪個宮位，娘家又該定在哪個宮位，子女又如何定宮？事業、錢財之位又在何處？外遇問題如何探討？主宰性生活的官位又在哪裏？豈是一個夫妻宮就能解決得了嗎？

在推論過程中，不僅要發掘夫妻相處時，最容易出狀況的事項，還需要找出衝突與摩擦的因素，更重要的是如何指引當事人去化解面對的困擾。如此之道，才是一個研習命理者，所追求的終極目標。絕不是一味的找問題，卻對解決之道束手無策，這哪裏是趨吉避凶，簡直是坐以待斃。

命理的功能，不僅是個人趨吉避凶，如果用法得當，還可以為這個社會減少負擔成本，也算是功德一件。至於那些似是而非的觀念，應該拋諸腦後，否則難修正果。

如果普天之下，這家人才會進這家門。這句話如果可信的話，那就不會有離家出走、逃婚，甚至婚姻破裂的事發生了。

歷史不會重演

命理的功能，在於指導人類趨吉避凶。它還能預測國運、世局甚至股市嗎？答案是百分之百的否定！有人以子平八字或紫微斗數來預測國運，說得頭頭是道，雖然偶爾也有某些事被言中，但此方法卻大有可議之處。

因為，無論子平八字或紫微斗數，所架構的理論基礎，只能適用於有生命的人類。由於人都是自生命誕生時為命運之開始，到生命結束為命運之終點的生命歷程，因此每個人都具有先天（出生）之八字與斗數命盤、行運（大限）和流年。有了這種組合，才能探討個人的潛在能力、行運強弱或適合從事的行業。然後配合命盤，指點最適切的時機去開創與發揮，如此才能達到因材施教、學以致用，邁向成功之道。

但人的生命總有一定極限，以紫微斗數來說，它所設定命盤的行運，總共只有一百二十年，這種設計方式，對一般人還算合情合理。因為人要活到一百二十歲，本來就不容易，再者就算活到了一百二十歲，往後的命運，恐也沒什麼好在乎的。可是「國家」卻不同，一個國家立足於世，可傳千百年甚至上萬年。如果以國家誕生的時刻，為她立八字或排出紫微斗數命盤，由於命盤每一百二十年後必定重複行運，則此國家的國運，豈不是一百二十年就要輪迴一次？每一百二十年就要「歷史重演」，一再的重複以前所發生的事？相信稍具命理常識者，絕不可能接受這種無稽之談。

至於以紫微斗數來推論股市，那就更荒謬了。前面提到，一張命盤只能使用一百二十年，

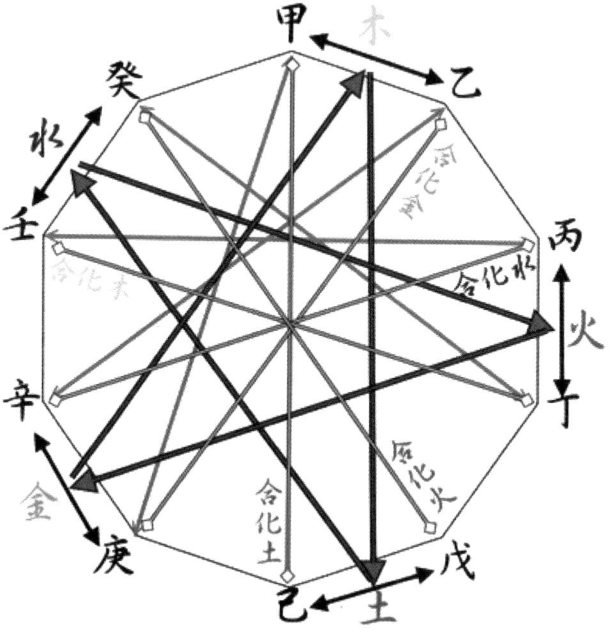

但一個國家若政情穩定，股票市場卻可流傳千百年。如果以各國的股市開放交易日，為股市建立命盤，那一百二十年後的今天，股市的走勢，必然與今日完全相同了，這樣的結果，事實上是絕不可能的。

更可笑的是某些股友迷信以斗數的四化星（化祿、化權、化科與化忌）來推論股市漲跌和多空行情。所謂「四化星」，就是從甲、乙、丙、丁、戊、己、庚、辛、壬、癸等十個天干演化而來，無論以「年」為計算基準或以「月」為計算基準，每十年的流年天干就會重複一次，每十個月的月份天干也必然相同。如果四化星能預測股市走勢，那豈不是每十年或每十個月股市就有相同行情或漲跌？同樣的道理，不論是用四化星或是以天干、地支的五行相生相剋之原理來搭配，也會產生每隔數年輪迴一次的現象，這種推論法不合邏輯。

命理有其可「算」與不可「算」的界限，並非天地萬物皆能用命理來推論。若一味以錯誤的理論來詮釋命理功能，不僅無法為命理再造生機，反而陷命理於萬劫不復之地步，誠非命理界之福。

命中沒有註定

畢業以後做什麼？每年七八月，大批社會新鮮人，找工作時，都有僧多粥少之嘆。到底這份工作是否適合我？做這一行有前途嗎？還是我該換其他工作？以上即是一般人在就業中最在意的。也是命理對「事業成功」所強調的「本行、本分、本錢」三要素。

坊間論命方法，常用金木水火土「五行」的相生相剋，來推斷一個人適合從事哪種行業。這一推斷，不知誤導了多少年輕人。比如你本行學電腦，或對電子機械有興趣，根據「五行」叫你改行去賣字畫就會成功嗎？這也是傳統命理被許多人視為迷信、荒謬的原因。所以，我們必須以科學方法，重新建立新的命理觀，才能禁得起時間考驗，不再害人白走冤枉路！

所謂「郎怕入錯行」，對於剛踏出校門的青年，如果先從「本行」發展，以

「本分」的工作心態，再由生活歷練與知識能力的累積中厚植「本錢」，慢慢摸索到轉業或創業的竅門。必較一開始便想當老闆，或跳入自己非常陌生的行業中來得穩當。

因為人在工作中所欲追求的，除「妻財子祿壽」等有形功名外，也需要內在的滿足。如自我肯定、潛能發揮或學以致用等無形的收穫。但年輕人缺乏社會經驗，容易好高騖遠，在本行中他頂多是「有待磋磨」。因為技巧不夠熟練，因此薪資報酬必然差強人意。而在非本行或非本分的工作中，他什麼都不懂，必須從頭學起，所遭遇挫折及投資風險必然會較大較高。若不慎選錯行業，或投資判斷錯誤，則不僅僅是糊口都有問題，且會讓士氣、元氣也大傷了！

關於事業成敗，有些人相信「命裏有時終須有，命裏無時莫強求」。碰到工作不如意，心態易轉趨消沉，不努力求突破，甚至認定自己沒「那個好命」，怎麼努力都白搭。對此說法我個人十分不以為然。

我們今天研究命理，目的在趨吉避凶，找出解決問題的方法，而非一味逃避問題！譬如煞星在命宮，傳統認為代表刑剋，與六親無緣，如非兇惡之徒，必為暴君、屠夫。在古代，如不幸生為火陀鈴羊等煞星的命格，早就被父母放棄了。但在現代，我們應設法「化煞為用」，從小培養他從事電子、電腦等與科技有關的知能，則「煞星」之於人，不但不是人生的阻力，反有絕佳助力。

同樣，當命宮三方四正逢化忌星，通常代表一個人愛鑽牛角尖難成大器。但如果能讓自己順著這個興趣、特長來發揮，反而可以由於太過吹毛求疵與一絲不苟的工作態度，而能在研究創意上有新的突破，這時缺點反變為他的優點了。

所以，命中並沒有註定你「非做哪一行不可」。要考慮工作前途，請先問自己有什麼，本行？本錢或本分？從既有的基礎出發，學有專精再加上個人努力，才是創造「命裏有時終須有」的條件。否則空有本錢，不循正途或妄想「白吃的午餐」，僥倖成功亦將如曇花一現，枉費心思。

從命理看婚姻，千百年來，因為謬誤與錯誤觀點，不知拆散了多少相愛的青年男女，直至今日，民間論婚嫁仍有「合八字」的習俗。八字合不合，到底用意何在？與婚姻幸福有關嗎？

傳統婚姻的形式為「媒灼之言、父母之命」，根本不考慮兩人之間，有沒有感情或心靈相契合的程度。但是，感情濃淡與心靈相契，卻是現代人決定結婚的最重要因素。所以僅憑男女先天八字來選擇婚嫁對象，往往產生與感情取向不一致的結果，甚至造成「棒打鴛鴦」的悲劇，這是我個人反對傳統「合八字」的理由之一。

另外，由於時代不同了，舊社會所認定的「賢妻良母」標準，並不合乎現代社會需要。譬如八字屬於個性較獨立或求知慾較強的女性，在古代皆被視為「紅顏禍水」或「不安於室」，因為古人不允許女人鋒芒蓋過丈夫。但現代兩性關係改變，擁有上述特質的女性，不需要關在家中謹守「相夫教子」的信條，由於學識增長，反而有助婚姻幸福與和諧。因此堅持舊時的「合八字」做法，只會使命理與時代脫節，或穿鑿附會成為無稽之談。

首先我們要問，天底下同八字的人相當多，為什麼甲與乙可以白頭偕老，而相同命盤的丙與丁卻貌合神離？我們可以發現，影響婚姻美滿與否的關鍵，並非我們的「八字」，而是我們所選擇的「配偶」。

他是誰？為什麼甲選擇乙而不選擇丁？決定兩性交往，相吸或相斥的緣分，並非命中註定的事，而是我們在芸芸眾生中的「機會」與「選擇」。比如你可能同時認識二、三個異性，這二、三個人對你來說「機緣」是相等的，但你與他們個別的互動情形絕不會相同。有的你只把他當兄妹，有的你當點頭之交，而有的你卻產生心儀的情愫，這就是命理上所探討的「選擇」。

因此，有了「發生選擇的時機和互動的結果」，才能形成男女婚嫁的前提，亦即是命理要推斷婚姻成敗的重要輸入條件。但由於每個人對婚姻的期待不同，一般人所公認為「好丈夫」的男人，如工作認真、顧家、有責任感等，在部分女性眼中，可能還缺少一些羅曼蒂克的情調，並非理想的「白馬王子」。正如同人沒有十全十美的一樣，命理也無法「包山包海」，只能由上述輸入條件，推斷一對情侶的結合，能否獲致終生幸福，未必代表「美滿」與否。工作與收入是共同生活的考量基礎，情調與感覺則為身心相契的程度，兩者如何選擇，常因人而異。

這足以解釋，何以許多夫妻婚前戀愛若干年，婚後卻發現彼此觀念、人生態度一點也不相容。只要種對了「幸福」的因，減少或降低自己對「美滿」的要求，或設法調整自己的心態，縮短雙方的差距，則白頭偕老尚可預期。反之，「相遇」若是種錯了「因」，結局便是一場「美麗的錯誤」，容易導致雙方於交往時，掉入盲目和識人不清的陷阱。如此種下結婚的因，則恐怕連共同生活最起碼的和諧，也很難維持長久，更遑論幸福與否了。

然而，人之所以異於禽獸，正在於人有思想、有情感，不該受「八字合不合」所侷限。所以命理的責任，應該為人們分析「做出選擇之後」的結果，提供預警和因應的方式，而非一味否定人的情感之自然取捨。換言之，相遇就算是一場美麗的錯誤，也不表示人生全部的失敗，也許只是應合了「不在乎天長地久，只在乎曾經擁有」這一層面的人生定義吧！

財神引進門

放眼天下，三十歲以內躋身億萬富翁之林者，不在少數。但有些人的財富來自家族繼承、父母授予，而有些人則藉著本身智慧、努力和偶然機運而翻身。假若你不屬於前者，想必也很想知道後者成功致富的捷徑！

由於我們不能選擇父母，因此命理上不考慮那些銜著「銀湯匙」出世，與生俱來的致富之道。所以只探討相對條件下，每個人如何在自己能力範圍中「穩賺不賠」。這些相對條件的形成，「大環境」的影響尤其重要。譬如傳統中國人相信「有土斯有財」，大家一窩蜂投資房地產，往往忽略時局或政策對投資環境的影響。這就是為什麼房市或股票狂飆時，總有「不識時務」的人接到最後一棒，慘遭套牢。

所以，不管你打算從事哪一種行業，首先需瞭解當時大環境的走向及進場的利弊。其次則為個人實力的評估，不打沒把握的仗。所謂個人的實力，雖與智慧和努力相關，不過在命理上，更受財帛宮每年行運的強弱、求財心態及手段所影響，欲發展財運，需慎擇行業。當財帛宮行運強時，可選擇獲利較高的投資項目，反之則保守為佳。

在這裏有一個相當重要的觀念要先確定，那就是「做什麼」、「怎麼做」。以先天命宮的三方四正有化祿者而言，極適合多元化發展自己的興趣和能力，在財運強時並可左右逢源。譬如有些人商而優而仕，政商兩方面均吃得開，有些人則適合從一而終，終生專事於某一行業，亦能穩定中求發展。對於不適合多元化發展的人，要他多兼一份副業，非但不一定能賺更多的錢，反而會令他窮於應付，自尋煩惱。

因此認識自己應守的本分，是命理上最重要的求財心態。如果先天財帛宮有忌星，代表求財心態會有些偏差，易妄想不勞而獲或循非正當手段來取得。幸好可以藉教育及輔導，從小給予正確觀念的灌輸，以免他將來因求財不當而誤入歧途。

至於財帛宮三方四正有祿星的人，顯示其具有良好理財觀念。假如從事金融業，肯定是老闆可付重託的得力助手，財務經理的人才，凡他經手的財務，絕不會出現呆帳或爛頭寸。

由此我們可知，財運本身並沒有好壞的分別，端看個人如何追求。當大限行運財帛宮呈強勢時，理論上若創業當老闆可以賺大錢，可是實際上仍應視個人所選擇的行業及做法而定。一個勞力密集的行業或一個高科技自動化的行業，所需要具備的相關條件之準備完全不同，有幾分把握才能做幾分事，錢財絕不會從天上掉下來！

當流年財帛宮有祿星來時，一般來說可嘗試短期獲利的投資，如股票、房地產等。但假使現在要打仗了，你還敢買股票和房子嗎？大環境的變化與政府獎勵或干預措施的宣布，以及個人能否多元化發展，這三個因素左右了個人在致富上的平順和波折。「不做」固然什麼都沒有，然「要做」也該看準了才下手，如此保持「穩賺不賠」的優勢，才能使自己立於不敗之地。

總之，「立志賺大錢」並不是一種罪惡，更可貴的還在於追求財富的過程中，可以讓我們體會到「知其不可為而不為」的分際，從此平心看待人生運程的起起伏伏，就算不追求榮華富貴，但也要出類拔萃！

知己知彼

每個上班族都希望能贏得老闆賞識，進而在工作中有所發揮，如千里馬之遇伯樂，這種情形到底算是個人機運，還是命中註定的必然呢？

傳統上，許多人把僕役宮視為工作生涯的所有人際關係，以此詮釋上司對部屬，或同事對同事之間的互動情形。但又無法破解「當互動關係差不多時，為什麼有些人對你特別投緣？這份投緣，可以說是上對下的倚重，或下對上的忠心，卻不等於是「能幹」。

換言之，能幹與否並非「千里馬得遇伯樂」的充足條件，尤其對部分帶著權威式領導的企業主而言，部屬的「忠心」比「能幹」要緊。所以你跟老闆之間投不投緣，應該觀察此行運中的命宮和遷移宮，由化祿星或化忌星所呈現的徵兆，尋求自我的調適。

因為「忠心」是一個心態問題，往往會隨時間和外在環境而改變。猶如遷移宮，雖代表六親以外的人際關係，也不免受流年祿星與忌星的引動而有親疏之別。遇忌星來時，即令是相交多年的好朋友都可能反目成仇，更何況上司與部屬。再加上流年僕役宮、事業官等多項配合條件，變數會更大。

因此，欲探討伯樂之於千里馬的意義，首先我們須瞭解，「忠心」和「能幹」，在命理上不僅定位不同，而且表現也會因人而異。譬如某些愛給主管添麻煩的員工，如「忠心，卻不能幹」，或「能幹，卻不忠心」，未必是員工本身工作心態或辦事能力有問題，而可能是雙方一時的溝通或互動不良，甚至是彼此「感覺」不對，根本合不來。

在命理中，假設前者—「忠心」，可以靠時間來慢慢培養共識和情感，改變彼此的觀感，只待流年遷移宮化祿引動，即可化解「忠心度不足」的問題。但對於後者的「不能幹」，則建議「良禽擇木而棲」，與其強留住「無法為你所用」的人才，不如讓他換一個可以發揮的環境或理念相近的上司。這就是為什麼，許多在原來工作表現毫不起眼的庸碌之輩，一遇合適機會，轉換職務或老闆後，際遇便不同凡響，平步青雲。

命理上並不認為這是某個人運氣好，或善於逢迎拍馬屁，即可僥倖變成老闆身邊的紅人。由於「忠心」可以培養，而「能幹」與天賦有關，既忠心又能幹的人雖然不多，但所謂「士為知己者死」，只要碰上懂得唯才是用，讓人人各得其所的工作環境，也可使多數能幹的部屬忠心效命。所以，我認為企業用人，「能幹」比「忠心」重要。

由以上可知，提拔過甲的伯樂，未必是乙的伯樂。善跑的馬，也不一定都是主管或老板眼中的千里馬。人與人的相吸或相斥，理論上固然可以從命盤走勢窺知一二。不過，促成兩個人結緣的深淺，其實心理與順眼因素居多，非命運所能主導。因此千里馬之遇伯樂，不能僅憑個人主觀、好惡，一廂情願決定相吸與否，否則對方不願配合，也是白費心機！

一個相交二十年的好朋友要出賣你，可能比一個剛認識不久的普通朋友來得容易，而且令人防不勝防。在命理上，究竟這是什麼「因」，結下的什麼「果」，始終耐人尋味。

朋友相交，基本上具有人、事、時、地、物等五個「因」，包括你在何時，因何事何物，在何地與何人相識？有了這五個因素的交會，你們的相識才能產生或深或淺的互動。就佛家所說，這就是一種「緣分」，而就命理來說，卻是一種「選擇」。

這種選擇，如果在流年行運忌星來時發生，意味雙方友誼易受表面相契的假象所矇蔽。譬如吃喝嫖賭，這是社會上一般人所認為的不良惡習，對某些意志薄弱的青少年充滿誘惑。凡願意他怎樣吃喝玩樂的「壞」朋友，在他眼中反成了

「大恩師」、「夠朋友」的好兄弟。

有些同性或異性朋友來往，當彼此沒有利害關係，可以肝膽相照一輩子。但一觸及合夥、共事或感情問題時，很容易因為意見不同，或離利益衝突，就馬上撕破臉。這是好朋友反目成仇的第一種模式，只要找出雙方不合適的「因」，並加以趨避，即可很順利的化解對己不利的危機。

好友反目成仇的第二種模式是「時間」今非昔比的因素。你四十歲時所欣賞的朋友類型，會跟二十歲的心態相同嗎？不！當然不會。因為「時間」讓我們更成熟，讓我們更有判斷力，讓我們更清楚「擇友」的意義，相對地，時間也同時對命盤的流年走向做了一些預告。

兩個好朋友，在時間巨輪推動下，將更親密或是更疏遠？用命理分析後，大致如下：

福德宮——代表兩個人價值觀接近與否。對方先天的忌星，會照我的福德宮時，宜注意溝通技巧，才不致感到好友處處跟自己唱反調。如流年化祿，則表示兩人合作短期投資，如股票、黃金等事可成，反之則不吉。

遷移宮——主「六親」以外所有人際關係。如流年忌進入遷移宮，又引動對方先天忌星時，宜避免雙方因交友態度不同而爭吵，甚至反目成仇。

事業宮——代表兩人共事關係的起伏。如流年祿會入事業宮，象徵兩人共事可相輔相成，同時亦可考慮合夥開店、長期投資等方式，反之，最好避免共事。

財帛宮——代表兩人用錢觀念相近與否。如有機會合作能否利益共生。

命宮——命宮代表自我。如遇流年忌星所結交的朋友，並非真正對自己「好」的人，但卻會因一時錯覺而把對方當知己。

換言之，我們在行運中所發展的人際關係，因為流年祿星與忌星的引動，而有親疏之別。若想長久保持兩人之間相知莫逆，最重要的是瞭解彼此結緣的「因」，進而參考以上各宮流年的變化，把自己跟對方的這份友誼擺在最恰當的位置，不要強求他一定要為我做什麼，當可減少或避免好友反目成仇。

命理的血緣關係

紫微斗數命盤的十二個宮位裏，與命盤主人有血緣關係的宮位，共計有：父母宮、兄弟宮、子女宮。傳統的紫微斗數論命法，幾乎千篇一律，以父母宮談父母的行運，兄弟宮談兄弟的造化，子女宮談子女的未來。甚至以兄弟宮和子女宮之星座來推算兄弟幾人、子女多少，這種說法，看似滿有道理，實則破綻百出。

如果以上觀點成立，同時生同命盤的人，是否也應該擁有成就相同的父母、數量相同的兄弟和子女呢？事實上這是絕對不可能發生的事。由此我們不難理解，論命不宜因詞害義，而讓自己陷於死胡同裏。

至於用兄弟宮和子女宮的星座來探討同胞手足或子女的數量，則更值得商榷了。因為命理本身並不具備「量化」的功能（如果能，那一個人將賺多少錢或虧多少錢也應該量化了才對）。何況兄弟多寡決定權是在我們的父母，並非我們

（個人命盤）所能決定。

再者，我們將一家人所有兄弟或姊妹命盤一字排開，可以發現，每個人兄弟宮都沒有相同的星座，有的是貪狼星，有的是巨門星，有的是其他星座在兄弟宮。雖然兄弟姊妹的兄弟宮裏星座不同，有趣的是他們的兄弟數量卻是一模一樣喔。

這個例子顯示，同胞手足的兄弟宮星座即使不同，他們兄弟的數量卻是相同的。由此可知不同星座會出現相同「數量」。反之，同時生同命盤的人，雖然兄弟宮星座完全相同，但他們的兄弟數量卻未必一樣。

既然相同星座會產生不同數量，不相同的星座，也會產生相同的數量。足證兄弟宮是不能「量化」的，同理子女宮也不能「量化」，想用星座去數量化，會讓自己灰頭土臉的。何況生兒育女，並非單獨一個人可以為之的，還需配偶或情人的生理或心理等多重因素來配合。

以今日避孕方法普及，若有一方想避孕，要生小孩都變成不容易了，我們只能說，很多人都有一堆「該生卻未生」的子女啦！

紫微斗數裏的父母宮，它的功能並非在推論父母的行運，如果是探討父母命運的宮位，不知是指父親還是母親呢？每個人父母條件皆不相同，父母的宮位也因人而異。所以對個人而言，父母宮的基本功能，在於探討來自父母的遺傳，沒有獨自的個人父母條件來輸入，此官位就形同虛設。好比以養子來論，若他無法提供生身父母的條件與資料，養父母與他又沒有血緣關係，這個宮位對他並無任何影響與作用。

兄弟宮也不是談論兄弟姊妹們的造化的宮位，它的功能是在探討個人與兄弟之情分。若兄弟姊妹有數人，則此官位就可發揮其探討手足之情的功能；若為獨子者，由於沒有兄弟或姊妹，則這宮位也不具任何意義。

至於子女宮，牽涉的範圍就更廣泛了，它不僅具備探討優生學的功能，也能探討男女間的性關係，更能指引性生活不和諧者如何去協調。最重要的是，它亦具備了提供母體在生產時，是否能平安順利的資訊。

由於古代醫學不發達，只要遇到難產，母體就有死亡的危險，因此子女宮在這方面，可以提供給生產者的資訊。例如何年生產較平安順利，何年生產較易發生難產等重要訊息，以利個人趨吉避凶，它的功能，絕不是在子女數量上死打轉的。別忘了出家人也有夫妻宮和子女宮，如果這兩個宮位只是單純狹義的探討感情和子女的宮位，那就小看這些宮位的用意了。

命理這門學問，易懂難精，若不具備宏大且寬廣的命理觀，想叫它發揮對人類生命之貢獻，將是緣木求魚，永不可得。

紫微斗數裡有兩個宮位，既不相會也不在相同的三方四正的宮位內，但彼此卻息息相關，這兩個宮位就是田宅宮與福德宮。有人說田宅宮是談論購置不動產的宮位，其實是小看了它的功能了。先天的田宅宮，它不僅與出生背景和家世門風有關，也和能否得到祖上遺產有關。更重要的是，它也代表每一個人出生與成長的血緣地。

相同時辰出生的人，雖然此宮位一樣，由於家世背景不同，會造成往後行運立足社會時，來自家庭或家族的助力完全不相同。放眼臺灣，有多少人跟時下所謂「企業家第二代」同時出生。但由於缺少一個企業鉅子的父親，在命運行進過程中，雖然生辰一樣，但卻無法得到相同的父祖輩庇蔭或坐享祖業。

另外先天田宅宮，它的功能也能探討出生的血緣地。有人在行運時適合離鄉背景打天下，有人卻只能在出生之地求發展。若選擇的時機不對，就如有些人在臺灣事業發展得很順利，一到國外投資或移民，卻落得失敗收場。也有人在臺灣一籌莫展，出國後反而事業有成，這就是血緣地對人的影響力，有人適合離鄉，有人卻不適合。

田宅宮還分行運（大限）的田宅宮，此時它主管當時行運時，由個人所決定而購置的不動產。另外還有一個功能就是，屬於長期性投資（回收較慢）之事業也由它主宰。它就是俗語所說的「財庫」之庫，換套句現代話，就是庫藏之所。

流年田宅宮，主宰當年所買或賣不動產的價格高低與購屋上周遭環境。由此可知田宅宮，不僅有先天、大限與流年之分，還各具有其不同之功能。論命時不能一概而論，否則永遠無法找出正確之答案。

前面提到「財庫」，其實在命理上「財」與「庫」是不同意義的。既然田宅宮屬於「庫」，那「財」卻不是所謂的財帛宮，而是福德宮。因為財帛宮，是我們所要求之財，而這財未必屬於自己，好比收費員，或公司之業務員所收之財，就不屬於其個人。從財帛宮來探討，只是得知其求財（收帳）順利與否罷了。而福德宮之財，卻是屬於自己，也有權利決定或支配其用途，所以此宮位可視為投資動產或短期性投資的主宰著。如股票、黃金、外匯買賣之主宰，最重要的是還另外具備的功能，就是主管當時行運的時候，所有現金之周轉。

話說回來，福德宮也有先天、大限與流年三種區別。前面所提事項只能從大限或流年的福德宮探討，卻無法從先天福德宮共尋找蛛絲馬跡。因為先天福德宮的功能是探討，每個人的精神狀態與價值觀，這個宮位也因為每個人的成長環境、教育、出生背景的不同而產生極大的差異。所以要探討這宮位，需要相當多的個人條件來輸入，個人提供的獨有條件越多，它的功能就越能發揮。

以上說明，可提供有心研習命理者來參考。因為在研習過程中，若連各宮位的先天、大限與流年所司功能，都無法有效掌握，在命理這門學問中想要有重大突破，實乃難上加難。

邁向成功之路

紫微斗數論命法，不僅分十二個宮位，也探討星座、星的屬性，其重要性如何，眾說紛紜，莫衷一是。依筆者經驗，若只是探討事情的好壞與成敗，星性並不扮演舉足輕重的角色，其重要性也不如化祿星與化忌星。

因為在紫微斗數觀點裏，「祿星」代表平順，「忌星」代表挫折。我個人認為，若只是論成敗的話，考慮祿星與忌星的力量即可。但若要仔細分析事情成敗，其中演變的原因，此時星性就能發揮它在斗數論命過程中的功能。

我提出這種說法，與傳統斗數觀念有極大差異，所以很多人不以為然。尤其是傳統斗數論命法中，幾乎一味強調星之屬性，根本沒考慮到，其實在整體命造結構中，星所代表的地位，只是一個元素而已，未有相關條件來配合，元素永遠只是元素。若只用星座落在何宮位，就要推斷此宮位的吉凶禍福，這種算法未免有包山包海之嫌。

其實星座的屬性，應該是不定性才對，它不僅因人而異，也會因事而異，也會因物而異。人事物的不同，星的特性就跟著做轉變，不可一概而論，否則容易犯了推理邏輯的矛盾。舉例來說，相同命盤的人很多，當行運相同且三方四五的星座也相同時，由於從事的工作或事業性質不同，當我們探討其工作事項時，即使星座相同也會產生不同的解釋。由此可知，星性會因各人際遇不同而變化其屬性，如果缺少必要條件來配合，星性根本上是屬於捉摸不定的。

行醫的人、從事教育工作、業務員……等等社會不同階層的人，無論他們事業宮裏有什麼星座，這些星座就與他的工作有關。有了這種概念，當我們已知他做哪一方面工作，端詳他的行運祿星和忌星的引動，再加上星座之特殊屬性，要找出成敗的結果，以及為何而成，因何而敗的理由，就不是一件難事了。

相同道理，紫微斗數裏的星座，並無所謂桃花星，和所謂財星的說法。若以「桃花」來論，任何星座在命宮的人皆有機會「犯桃花」，因為一個人有所謂桃花出現且接受它，並非受星座影響，而是個性、環境與機運所造成。這是個人的特質所衍生的喜好，與所謂桃花星無關。因此所謂的桃花，絕對不是某些星座的專利，任何星座的人都會犯桃花。

有人喜以財帛宮之星座來推論個人之財富，事實上在斗數論命法中，根本沒有所謂的財星之說法，只要座落在你財帛宮的任何星座，就是你一生的財星。這財星的強弱，需配合你所從事的行業，要和你行運的祿星和忌星搭配後，才能推論它是強是弱。若只是一味以星座論命，那麼試問，與王永慶同命盤的人，是否也應該擁有與王氏相同之財富呢？

依筆者淺見，論命時應嘗試將星性簡化，以最簡明的「表」與「裏」來區分就可。也就是傳統的「陰」「陽」的概念，就可以表達出其在命盤中的影響力。因為任何事與物，皆有其表徵與內在的分際。此時若能將星性融入所要談論的事物上，再以客觀常識來判斷，不僅能快速求得正確的答案，更能掌握事、物之動脈。進而瞭解事出何因，再加以自我修正，則成功之路必在不遠矣。

世間複雜的事，卻往往靠最簡單的方式去解答，反而可以得到意想不到的結果。這就是所謂「以簡馭繁」吧，相信研習命理也應如此。

妻財子祿壽

每一個人生存在這個世界上，對於生命意義的詮釋，不盡相同。有人追求物質上的享受，有人追求精神上的解脫，有人視功名利祿為人生之目標，也有人卻只求生命瀟灑的來去。這些主觀的意識，無不受著時間與生長環境影響，並隨生命成長而改變，那麼我們該怎麼去掌握自己的人生呢？

首先要瞭解，人生在世離不開追求「妻財子祿壽」五字。用現代人的眼光來看，所謂妻就是感情與婚姻，財就是金錢與財富，子就是傳宗接代與美滿的性生活，祿就是社會地位，壽就是壽命、壽元。如果每個人對自己的命運，皆能知命而後知進退，那麼在短暫的生命歷程中，欲達理想境界，並非可望而不可及。

讓我們嘗試以科學的角度，來分析紫微斗數在人們追尋這五大目標所扮演的角色。

（一）婚姻：任何人都有一個先天的夫妻宮，從這個宮位，可以得知一生中，最理想的對象屬於何種類型。雖然理想對象出現了，但未必一定能達成，所以就要配合行運來分析。在不同的行運和流年中，認識與交往的對象也必然不同，此時命理就可探討何種年度所交往的對象比較理想。有了機緣，再配合對方的條件來輸入，欲求婚姻幸福美滿，應該可以水到渠成。

（二）財富：一個人這一生會不會發大財，在先天命盤中，並無法得知。因為財富並非與生俱來的，先天的財帛宮，只能得知求財的心態與手段，以及理財的能力。瞭解自我的優缺點後，從這裏發揮優點、修正缺點，然後找出最佳的求財運勢，再配合求財之行為，想致富也不是難事。不過有一點必須注意，若空有好財運，而沒有實際行為去配合，還是無法達成目標的。

（三）子息：命理中的「子」，以現代人的眼光來說，就是所謂的傳宗接代。而傳宗接代的重任，都降臨在男性身上，於是產生了重男輕女觀念。

其實生男生女並不重要，命理探討生兒育女之事，並非著重於性別，而是注重嬰兒的身體狀況，聰明才智和母體的平安。由於生兒育女並非單一個人可以辦到，還需有配偶來配合。況且不同年度所生的子女，無論個性、體格、智慧等條件也不相同。所以在命盤中去瞭解最佳的時機，然後配合配偶的條件，找個適當的年度來生產，要生個聰明健康又活潑的小孩，應該是人人可以求而得之。

（四）官祿：妻財子祿壽的「祿」並非狹義的只談論事業與工作，而是廣義的社會地位。先天的官祿宮，可得知一個人追求社會地位的慾望與手段，行運的官祿宮，可探討當時行運，從事何種行業為最佳。臺灣有很多小孩學音樂或畫畫，可是我們又造就了多少知名的音樂家和畫家呢？道理很簡單，因為這些人並不適合學音樂或畫畫，在藝術的領域中，他們無法發揮。從命理觀點來論，這些人就是所謂的「不適命」，結果只是白白浪費社會資源。有很多人從醫，但其中有幾個心懷救人濟世的情操？這也都是不適命的典型例子。一個人要達到心目中理想之社會地位，首先需視個人潛能為何，在行運中不斷開發它，等到時機一到，在自己所熟習的領域中，必能功成名就，也才能達到自己所追求的社會地位。

（五）壽元：其實妻財子祿壽的壽字，常常被狹義的解釋為壽命或追求長壽，我個人認為正確的註解應該是「壽終正寢」。人總是希望生命結束時能善終交代後事，最怕意外事故發生或突發狀況發生而喪命，後事無法妥善交待。古代帝王若是意外死亡，王位沒有明確交待接班人，往往骨肉相殘，這是最佳寫照。

研究命理，不應該以「微觀」心態，對生命歷程中不具備絕對影響力的事或物，浪費時間去探討。而應以博觀的角度，對「生命的意義何在？」加以研究與分析，命理雖非萬能，卻能發揮助人達成自己人生目標的功能。

子平八字和紫微斗數的十二個宮位裏，最受爭議的兩個宮位就是僕役宮與遷移宮。有人說「僕役」在現代社會已不存在，應改為「交友宮」才符合時代潮流，其實這種說法似是而非。雖然現今已無往昔封建時代的奴隸制度，但隨著時代變遷，卻產生了勞資雙方。

用現代人的眼光，僕役是我們可差使其工作的人，也就是所謂屬下、員工等。當上司或老闆者，理應有權指揮他們的屬下或員工做事。然而朋友與我們的地位卻是平等的，我們只能請托朋友幫忙，而沒有權利去命令朋友為我們做事。這種互動關係很明顯的不同，因此筆者個人反對將僕役宮修正為交友宮。

從每個人的命盤中，我們不能以先天的僕役宮來探討個人將有什麼樣的屬下或員工。因為先天的僕役宮只是探討命盤主人對待下屬的心態與手段，這與一個人所受教育和成長環境有關，絕對不會終生不變。由此宮位發覺自我的缺點，我們也可以修正自己對下屬的行為。

雖然每個人都有僕役宮，卻不是人人可以探討與屬下的關係。因為有人是從事單打獨鬥的行業，有的人根本沒有屬下或員工，這還需視當時行運所遭遇的人而定。以一個當老闆的人或某機關之主管來說，他擁有眾多的員工與屬下，在這些屬下與員工中，某些人與他息息相關，因而產生了重要的互動關係。

在命盤中，我們就可以清楚地瞭解，哪一個員工最忠心，哪一個不忠心，也可知道哪一個屬下最能幹，哪一個最無能。由於這些員工或屬下都是獨立的個體，所以需要輸入其個別條件，這就是命理在「用人術」上的最大功能，這世上還沒有任何學問能超越命理的地位。

另一個常為命理初學者所困擾的就是「遷移宮」，很多人往往因詞害義，誤認遷移宮所談的就是出外（包括出國）。其實，出外事項在遷移宮裏只佔微不足道的一小部分而已，遷移宮所具有的功能，比很多宮位多太多了。

任何數術，談到最重要的宮位，一定是代表自己的命宮。命宮既然代表自己，由於遷移宮與其遙遙相對，此時的遷移宮應解釋為除六親（父親、母親、兄弟、姊妹、子女與配偶）之外，所有我們面對的非血緣關係的人際關係。

先天的遷移宮，所探討的則是我們對人處事的態度，這個宮位也不是終生不變的，而是會隨著時光與成長環境而改變。所以在不同的歲月中，我們會遭逢不同的人際關係。行運的遷移宮，所探討的是當時所遭遇的人際關係。

由於時間的改變，十歲、二十歲和三十歲所交往的朋友，不僅對象不同，其所產生的互動關係也大不相同。有的朋友在十年前是莫逆之交，而今反目成仇，有的是二十年前所認識，僅止於點頭之交，而今反成為提攜自己的大貴人。

這些互動關係之轉變，最大的影響因素還是時間，時間是生命過程中最重大的變數。所以探討人際關係，必須以當時所認識或開始交往的行運，為兩人互動關係之「因」，再以「因」來分析往後友情發展之「果」。

如此一來就可知，誰可深交誰不可往來，這也是命理對人際關係的最大輔助。由於也可知，自己可因誰而貴而富，或因誰而敗。在有條件下，若可預知和某人合作或金錢往來，將被此人所拖累，請問有誰還願意愈陷愈深呢？

一個人一生所面對的人際關係，不可計數，但只要能將我們所面對的人視為獨立之個體，以他們獨自的條件輸入到自己的命盤來觀察其互動關係，相信每個人都可以因朋友的幫助、合作，而達到成功之路。

命者，生死大事也。古代由於醫學不發達，尋常疾病、意外或一場傳染命，就可奪走千萬條人命，因此有「天意不可違」、「在劫難逃」等宿命論。但所謂「天意」，究竟是何所指？是一個人出世前便已註定的禍福，還是出世以後的造化？

生辰八字在本質上，是先有「人」才有「命」，有了命才能形成具有思想、情感與行為能力的生命綜合體。如果某人一出生就是白癡，再好的命盤格局對他一點都沒有用。

命宮雖然主宰一切，但這一切須因「你」的存在才能探討。而你之所以異於他人，因為你的天賦、才華、相貌和健康狀況等，都來自你的父母和家族的遺傳。因為人不能選擇父母，也不能決定自己出生的時辰，生下來是美是醜，是智是愚，即使同胞手足也有差距，未必一致承襲了父母最好的遺傳因子，所以這遺傳往往也決定你一生的一大半了。

所以，在命理上探討「優生」，首先須輸入父母條件。推斷懷孕時機恰當與否，最大用意在找出和過濾容易承續父母不良遺傳基因的生育流年，避免產下低能、殘障或畸形兒。其次則為了保護母子平安為目的，使胎兒不致因母體胎位不正或健康不佳，意外早產或流產。這種論點和坊間流行推算「吉時吉刻」，只求替尚未出世的孩子「預訂」一張格局漂亮的命盤，實有天壤之別。

相對地，傳統命理對人世禍福所持「死生有命」看法，亦過趨消極。譬如意外和疾病，在世間常帶給人們無限痛苦和重大生命威脅的兇險，其實應在行運中較易發生身體病厄或外力傷害的流年加以預防，而非倒因為果，一切歸咎為天意或造化弄人。

譬如車禍之所以會發生，原因不外乎開得太快、酒醉駕車、技術欠佳和路況有問題等等。遇流年呈凶兆時，宜從各種可能肇事原因中自我檢討，避掉那出事的「因」，或可使其後來的「果」不致應驗，而逢凶化吉。

又如自發性疾病，如菸酒之於心臟血管疾病、空氣污染之於肺部、呼吸系統疾病等等。皆是有「因」可循，願不願意改善或預防，結果主要因個人選擇而異，與「天意」何干？

由此積極來看「死生有命」，真正主張應在於，人人皆可藉命理功能來趨吉避凶，後天造命。對於先天遺傳所造成的殘障或畸型，亦須從出生的「因」，如父母流年、健康情形和現實條件等因素予以評估，使個人無法選擇的出生條件，不致構成他人無可補救的缺憾才是。

所以，在不影響自然生態平衡的原則下，未來命理研究，極有必要進一步瞭解，一個人出世以前，有關環境、父母遺傳與個人天分才能的因果關係。也就是建立命理的優生觀，以彌補現今醫學尚不能完全防杜母體懷孕期間的基因突變，避免產生不健康的下一代。

常見臺灣媒體廣為報導，有為人父母者，為替子女找個好八字，而選擇良辰剖腹生產，結果造成嬰兒早產、夭折死亡，聞後令人感慨萬千。事後更有某些相士解釋說，人若沒有如此「好命」，就無法擁有好八字，因為嬰兒無法承擔如此「好命」，所以才會夭折。這種說法合不合理？就讓看倌們自己去好好思考吧！

百花齊放

任何一門學術，要廣受社會普遍認同與接受，必定要建立在科學理論的基礎上。國學中的風水與命理，數千年來雖然在中國廣為流傳，坊間流傳的書籍也不少。然而，這些書籍都是指引學習的人，如何去看風水和如何算命的方法。嚴格來說，都是以個人看風水或算命過程中，遭遇到的單一事件的結果為準，並以為這就是不變的法。有關學術性的研究心得或報告，卻少之又少。因為缺少強有力的研究報告，和客觀的法則輔助，所以信者有之，不信者更是大有人在。

學術最後能定論成為學術，因為有不變的理論基礎為依據，放諸四海答案一樣不變。可是現實生活中，只要談到國學，不論是風水、易經或算命，絕對是百家爭鳴，百花齊放，各說各話。

風水師看風水，一定說自己的眼光最好，只要他認定的，肯定是千載難逢的寶地。算命的算命時，一定是說自己所算的最準，放眼天下無人可及。研究易經的談卜卦時，一定說自己最靈驗，百發百中。

國學中的山、醫、命、相、卜五術，全部是探討生命的工具。（山）↓風水學，談人與大自然的互動關係。（醫）↓中醫學，醫治病痛和提供養生之道。（命）↓命理學，用出生時辰為基礎，探討生命的未來。（相）↓相學，包括：面相、手相、骨相等，用人的外在形狀為基礎，談的也都是和個人命運有關。（卜）↓卜卦學，也是或然率學，探討人事物的互動的學術，其實就是易經。很多國學專家，把易經吹捧到無限龐大的功能，說易經是研究宇宙和揭開宇宙的密碼，聽了實在是啼笑皆非。古代中國人只知天地，哪知什麼叫宇宙呢？說易經是揭開宇宙的密碼，那更是扯大了，不是蛇吞象，有如螞蟻吞大象啦。簡單說，易經的功能就是卜卦，卜事情的成敗、好壞、興衰，都是一翻兩瞪眼的事。下次遇到易學大師，問問他們：

登陸月球老美是用哪個密碼？登陸火星要用什麼密碼才能成功？保證讓大師瞪眼吹鬍子。

要成為學術，就要拿出放諸四海皆準的理論，絕對不要虛張聲勢。虛張聲勢，只會讓本應有學術地位的國學，淪為不倫不類的數術而已，對國學的提升，絕對沒有任何好處。別以為現代中國人，還活在幾千年前民智未開的時代，那麼好呼攏的。

五種數術，除中醫以外，都是各自獨立的，探討命運的工具。如果下次有人幫你算命時，你必須堅持一個原則。看面相時就只能用面相算命。算生辰八字時，只能用生辰算命。因為這些算命工具，是不能共享的。

好比我們從上海去北京，可以搭飛機，也可以坐火車，更可以自己開車。火車、汽車和飛機，都是去北京的交通工具，但我們絕對不能一腳踩在一車上。同樣的道理，飛機的零件，不能拿給火車裝配，火車的零件不能給汽車使用。如果，算命要用多種不同方式，結合在一起才能算的話，表示算命師的功力不高，道行不夠。

在被算命的經驗裏，最常聽到的一句話，就是算命的會告訴你，命理只有七八成準確率，乍聽之下好像很有道理，因為算命的又不是神仙再世，不可能什麼都料事如神吧！但實際上這句話隱藏下臺階喔。如果算命只有七成或八成準確率，是不是也表示，還存在著兩成或三成是不準的機率呢？如果是這樣的話，先請問算命師，他所推算出來的答案，到底是屬於「準」的七八成，還是屬於「不準」的兩三成。如果連幫人算命的相士，都不知道自己所推算出來的答案，是屬於準或不準的那一邊，這種算命有啥意義？難道我們花錢去算命，還要承擔相士不準的風險嗎？沒達成趨吉避凶的目的之前，已經先破財消災了！

人的失敗與成功，一切由因果互動關係而產生。今天的成功，並非今天的好運，而是先前種下「好因」，今天只是坐享其「好果」。如果沒有先前所種之「好因」，就沒有今天之「善果」。反之，今天的失敗，也並非今天行運不好，那是先前種了「惡因」，今天只有自食「惡果」。如果在種「惡因」之時，不選擇種「惡因」，就沒有今天的「惡果」產生。

命理最能發揮其對生命歷程的影響力，就是如何正確的指引人們種「善因」，除「惡因」。如此一來，趨吉避凶的功能就能發揮得淋漓盡致。

不堪一擊的算命方法

傳統的算命方法，很多是經不起邏輯檢驗的，有的甚至是不堪一擊的！我舉幾個例子，給讀者們參考。

以紫微斗數來說，很多書籍或所謂的大師，都是以命宮坐落在哪一個宮位，就依據此宮位來推算每個人的命運，我們有沒有想過，命宮在相同宮位的人，這世界上到底有多少呢？如果用命宮可以算命，那麼命宮在相同宮位的人，是否命運都要完全一樣呢？這種算命方法，有其可信度嗎？還有的大師是依據命宮裡的星座，來推算每個人的命運，同樣道理，我們有沒有思考過，命宮座落相同星座的人這世上有多少呢？如果命宮裡的星座可以決定每一個人的命運，那麼相同星座在命宮的人，他們是否命運也要一模一樣呢？

其實命宮在子丑寅卯宮，或命宮在午未申酉宮，都不具備任何意義，因為紫微斗數只有十二個宮位，全世界有六十幾億人，換算一下，平均每個宮位，至少都有五億人以上相同，所以用宮位算命，不僅不可能準確，且是經不起檢驗的！如果這種方式可以拿來當作算命的準則，那麼這五億多的人都要有相同命運了！

用命宮裡的星座算命，和用命宮座落哪一個宮來算命，所犯的錯誤是相同的，如果星座可以揭開命運的神秘面紗，那麼這世上五億多個命宮相同星座的人，命運也必然要一模一樣，這種算命方式絕對不會被認同的！

再者就是我們常見的，以夫妻宮來談論個人的配偶或婚姻狀況，以子女宮來探討子女的前途或成就，其實這些大師們，可能都沒有想過，如果子女宮可以談子女的話，很多出家修行的和尚也有子女宮，應該怎麼論斷呢？如果夫妻宮能探討每一個人的配偶或婚姻狀況，我們不禁要請問大師，尼姑也有夫妻宮，要怎樣去探討其感情世界或配偶呢？很多我們習以為常的算命方法，如果說穿了，這是完全不能被認同的！出家修行當和尚或尼姑，都是個人的選擇，選擇這條路後，當然就不考慮結婚與生子，如果不知道對方的選擇，我們若拿出家人的生辰八字去算命，不知道大師們要怎樣為這些出家修行的人算命呢？

眾所周知王永慶先生有三個老婆，可是王永慶卻只有一個夫妻宮，如果夫妻宮是探討一個人的感情世界之宮位，那麼王永慶所擁有的一個夫妻宮，要怎樣談論或探討他的三個老婆呢？王永慶有很多子女，可是他也只有一個子女宮，如果照坊間書籍和所謂的大師說的，子女宮可以探討子女前途、成就和數量的話，我們要請問大師們，用王永慶的一個子女宮，要如何分析這麼多個子女的成就呢？或哪一個子女比較聰明或哪一個比較孝順呢？

王永慶過世後，其長子王文洋因為家產分配問題，訴請美國法院打起遺產官司，很多風水大師上電視說，因為王永慶所埋葬的風水出了問題，所以才會死後不得安寧，子孫就打起家產官司，這種說法，我非常的不能認同。

王文洋身為王永慶的長子，本來就有權利得到其父所遺留下的財產，他為了他個人應該得到的法定利益，訴諸法律行動來保障他自己的利益，這本來就是他的權利，尤其這個利益動輒以新台幣百億計算，如果他不打這場遺產官司，有可能落得拿不到分文的下場。於情於理，換做是任何人都會打這場遺產官司，用法律爭取自己該有的利益，這種行為與王永慶死後埋葬在哪個地方絕對沒有關聯。

換句話說，無論王永慶埋葬在哪，無論他的風水是如大師們所說的好與壞，或者王永慶根本還未埋葬，其實這場遺產官司的上演，絕對是無法避免的！所以用王永慶埋葬的所在地的風水，來解釋這場官司的發生，是不可靠的且無法讓人信服的！很多大師喜歡說，一命二運三風水，其實以我個人經驗，往生的人，在這塵世上已消失，一切都已塵歸塵土歸土，絕對不會影響活在人世間的子孫。

研究命理或風水這些數術，不能閉門造車，也不能用想當然爾去思考問題，任何答案的追求，都應該合情合理，不能有任何破綻存在，否則所推論的結果，跟猜謎遊戲有什麼差別呢？

後記

2010年初，我在上海準備回臺灣，為出版這本書做最後的定稿，回臺前，和一位臺灣朋友吃飯聊天，朋友告訴我，他有可能會回臺灣工作了。我問他怎麼回事，他說他上班的工廠生意越來越走下坡，有幾個公司「台幹」會被派遣回臺灣，他也是列名其中之一。席間他問我，可否用風水的觀點，跑一趟昆山到他工廠所在地，幫他老闆看看是否能改善業績，我說可以試試。他又告訴我，他老闆很年輕，三十出頭而已，且是虔誠的基督徒，不相信風水，到時我要怎麼回應，我笑笑回答，這是小問題不必擔心。

隔了兩天，這位朋友開車到上海接我去昆山。上車後不久，他先把他老闆的出生時辰提供給我，一路上，我仔細端詳朋友老闆的斗數命盤，考慮如何為他解套。這位年輕老闆的命盤，輸入他工廠所坐的方位，和辦公大樓的坐向。我發現這個方位的五行生剋都是缺水的格局，對於這位年輕老闆來說，顯得太乾燥了。

路上，我提前告訴我朋友，若他們工廠的辦公室裡有種花或樹木的話，絕大多數都是乾枯枯的，甚至奄奄一息，沒有綠葉茂盛的景象。朋友嚇了一跳，很驚訝的反問我：「這個你怎麼會知道？」頻頻點頭稱是。

到了工廠，老闆開頭就說：「雖然我不相信風水，但還是請你死馬當活馬醫吧」，我回答他：「如果你相信風水的話，我會讓你信我，如果你不相信風水的話，我更會讓你信我」。

年輕老闆一副存疑的樣子，還是領我進去他的辦公大樓。他問我要不要每間辦公室都觀看一遍，我說不必了。我告訴他說：你是這家公司的老闆，也是主其事者，這公司只有你有權利決定所有的政策，若你運勢強時，公司就會業績猛增，但若你的運勢差，公司可能就要倒楣，所以一切以你為主，只要看你的辦公室就可。年輕老闆開始同意我的說法，頻頻點頭。

進去老闆的辦公室，觀察五分鐘後，我告訴我朋友和他老闆。若要改善公司業績，首先老闆的辦公桌，要轉個方向。因為他坐在這個辦公室時，他和這個空間的五行生剋呈現缺水的格局，所以老闆需要換成坐南朝北的方向。要他轉為坐南朝北的方位，並不是如一般人的想法，以為南北向才是好方位的觀念。而是因為北方在五行中屬水。如此一來，變成面向水位，室內乾枯的現象，必能有所改善。接著再告訴他，在哪裡放個魚缸，在哪邊擺盆大一點的室內樹，讓辦公室的小空間裡，水木相生，生氣盎然。最後，要在辦公大樓外的消防池裡，放幾隻大魚。朋友問我為什麼？我說道理很簡單，你的老闆此時五行缺水，就算辦公大樓外有水池，但那是死水，所以助力不大。若要讓死水變成活水，唯一的辦法，就是放一些大魚，讓死水變成活水，如此，這池水就對公司有不小助力。我們都知道：「山不在高，有仙則名，水不在深，有龍則靈」。現實生活中哪有龍呢？所以可以用魚來代替。在朋友工廠待了差不多一刻鐘後，我告訴朋友說，我們可以回上海了，朋友問我，其他的都不用看了嗎？我回答不必啦！

離開時，年輕老闆問我，該轉方位的他一定轉，該放魚的他一定放，該種的樹他一定種。若該做的他都去做了以後，大約什麼時候，可以見到效果呢？我回他，最快一兩天，最慢七天，他滿臉遲疑的點了頭。回上海的路上，朋友問我為什麼如此鐵口直斷，告訴他老闆七天內一定有效果，他說他為我捏了一把冷汗，深怕七天後我會砸鍋，到時他老闆更會對傳統風水學嘲笑一翻。我笑笑的說：

「沒有三兩三，怎敢上梁山？明知山有虎，偏向虎山行。」我說這是磁場與方位上的調整，對他老闆絕對有助益的，請他放心啦。我說，很多不懂風水命理的人，常常批判風水命理不可信，可是當你反問這些批判的人，你對風水命理瞭解多少、研究過風水命理嗎？答案往往是，我沒研究過，我不懂風水命理。

我常思考，學術得受公評，本無可厚非。但是對於完全不懂的學問，我們能批判它嗎？對於自己的知識領域裡，完全不瞭解的學問或事務，我們能否定它嗎？很多年前，我在臺灣的某電視臺，就曾和某知名教授爭鋒相對過。他常常在報章雜誌上批判風水與命理，我問他是否研究過命理與風水這些數術，他竟然說沒有。

於是我問教授，在你所學得的學術領域中，和風水命理並不搭嘎，既然你沒研究過風水和算命，你憑什麼批判和否定它呢？不可能因為你是大學教授，世間上的學問你就都會懂。所以在你不瞭解的學術領域裏，並不會因為你是教授，你就是權威，請你以後閉上尊口，免得當場被羞辱。當場讓這名教授面紅耳赤，啞口無言。從此，再也沒聽過或看過，他在電視和報紙上批判命理與風水了。

回臺灣的前兩天，朋友電話說他要來上海，問我有沒有時間一起吃飯，順便為我送行。

碰面後，朋友說他不用回臺灣工作了，我頓時吃驚，反問為什麼？朋友笑笑的告訴我，自從我去他工廠看風水，四、五天後，他公司連接好幾張大訂單，且都是全新的客戶。他老闆高興之餘，要他保密，等今天請我吃飯送行再告訴我，且這頓送行餐，由他老闆買單。

許　敬

2010年春節後於臺北

所有房子風水都是好的

房子的風水都是好的，只是針對的人的磁場不同會產生不同的效應，與已購房產不合的人士也無需有任何擔心，因為風水或可以因人而異進行調節，最終都能達到祥和、平衡的效果。

以上是一位來自台灣的風水大師許敬先生對科學風水的論述，強調以人為主體，還要由身，個人狀況、房屋等不安的東西，與人的磁場相結合去挑選出最佳的風水，其間又涉及到醫學、遭传學、天文學、歷史學等諸多方面的學問。這種說法最大的不同在於背离了一貫秋水的迷信色彩，蒙起震破、白說是空，得易有科地結合各種状況，做出科學的分析與選擇，許先生鼓勵大家不要盲目追求風水，而應着重力求适合自己的选择及调整。点选风水。

选房不需要太困惑

选房子大方向上不需要太困惑，建筑风格等、房屋的朝向对房子的重要性之都不言...

房住在不同楼层、朝向的房间对的确会产生不同的感受，如果条件允许，在置房之前最好先請風水先生審定，這樣可以確保万无一失，但大部分人是自行決定選購房的，這樣如果万一風水出了問題也沒有关系，可以自行調整，中國人講究以人為主體，如果你買到了房間的位置、房子，覺可以用後面的位置得到東主角的就能能提高某位了，也許先生還聽會大家不要一樣，其金去颜色，若多本百勺的房子也是十分理想的，只要房間的朝向了，安凑等方向、問節得調整等，另語向房子相調整。

风生水起可增财运

大面积的绿化和依水而建的房子，风生水起，对于营造有相当大的好影响，许先生事之起好的相，像院房子依据建筑的生态环境及其绿化的作用不易营得较条，除以人工绿路，但许不要将有地方拟造作不适过生态公园，风水要最大自然之和合，可通到不同年...

从风水学及科学的角度来讲，绿化和沙水都能帮到以调节不透真生活的气场、场泛气，促读人心心绪新，从而松大提高事业运势。

风水随人转

所满风水随这样许先并不苦以，你也许听有说过这样的客究隆修养住要国运器品，但建出帝和几等因败家亡，这显显恬好好的风水也带帮别人的帮阵，如果一个整中一味的养修修结晶，所基却的风水合不会有保佑佑，内以如室家灌潜洗水幕的，天理不可地要劝合住）增调的楼是以人为主的风水精神，仅知红桥区历来显显灵灵之气，但却不等干八地人士就可以达染到，这需要随片有效修为，心要精神，这样才能可顺说气气、攀平运气。

11月21日一22日，个知来摆华号"财水·建筑"举办"风生水起、中年喜隆"风水汇活动，与台湾《东方地理》期来杂杂志乐满共享人生！

接受大陸雜誌訪問

自由時報　家庭婦女　28

貴人出、小人隱

命中因果，決定你能否因朋友而富且貴？

⊙許敬　主講

自由時報專欄作家

命運的關鍵

尋龍點穴都是荒唐 郭台銘又何必問鬼神！

任何新興企業家的崛起，風水和命理大師們首先想到的，一定是他家祖墳風水有多好來庇蔭，所以會有今天的成就。從來沒有人探討，一個人的成功，一定有很多因素的。是他比別人聰明，比別人能幹，比別人努力甚至比別人好機運。如果成功者的背後沒有真實的實力當後盾，我們真的懷疑他們能成功且出類拔萃。

當企業集團出狀況或經營不善時，所謂的大師們又歸咎他們祖上的風水有問題。這豈不是「成也風水，敗也風水」了嗎？風水真的有如此神通廣大，決定一個企業的興衰嗎？為何事業成敗都牽扯上風水問題呢？人真的如此受祖上風水影響，而沒有自我決定命運的能力嗎？

中國歷史上的帝王，不管是開疆闢土的第一代，或繼承王位的後代子孫，即位後，第一個任務莫不是尋找好風水建築陵寢，以待他們百年之後居身之所，並確保他們的江山世世代代能永續經營。繼而尋找長生不老藥或仙術，以使他們永生享盡榮華富貴。然而他們最後的下場呢？這些王朝如今安在嗎？江山依然無恙嗎？這樣的結果是不是可以證明，尋龍點穴和長生不老術，對帝王們並沒有任何幫助的。

臺灣首富郭先生白手起家致富，足為年青創業者之楷模。我們相信，他的成功是因為他掌握好機運，因為他眼光獨到，因為他比別人努力，因為他比別人能幹…等等，結合了所有成功之因素，於是創造他今天的企業王國。我們更相信他在未成功之前，絕對沒有考慮他家祖墳好壞之問題，一路奮發努力，所以能達到今天之成就。

然而，當他成功後，反倒注意起風水問題了。觀其父與其妻之風水，讓人感覺都非常講究，帶給社會完全負面的教育。郭先生可能忘了，成功是人為努力而不是風水影響，如今竟然本末倒置迷信起風水，這種行為不僅否定了自身的條件與努力，也隱藏著不勞而獲的心態。歷代帝王沒有一個能達成願望，何況是一般凡人呢？追隨古代帝王的腳步，是否意味著最後下場將重蹈帝王們的覆轍呢？

當一個企業家面臨困境，他們不會尋找出事的因果關係，去加以改進和自我反省，都只是想靠改風水、點光明燈、做法會…等來挽救他們的事業。我們很懷疑這些方式，真的會讓一個兵敗如山倒的企業起死回生嗎？我們更懷疑借助外力能改變已存在的本質？答案應該是否定的。聰明人都知道臨時抱佛腳是沒有任何作用的，但當企業家們面臨困境時，為什麼都是如出一轍的問鬼神而不問蒼生呢？

一些富貴人家想靠風水的幫助，意圖讓其事業永續經營，借著點光明燈、做法會的行為，冀望讓其長生不老，整個社會充斥著違反文明與自然法則的負面消息。如果只因為他們付出些微金錢的代價，便能隨心所欲達成目的，這世間還有天理嗎？

寄語天下人：越是追求長生不老術的帝王，越是加速死亡；越是追求尋龍點穴，想立萬世基業於不墜的帝王，越是加速滅亡！

（許敬部落格：http://tw.myblog.yahoo.com/jimabc2001/）

168周報專欄作家

國家圖書館出版品預行編目資料

命運知多少？／許敬著.
－－第一版－－ 臺北市：知青頻道出版；
紅螞蟻圖書發行，2011.4
面　　公分－－（Easy Quick；111）
ISBN 978-986-6276-69-9（平裝）

1.命書 2.堪輿

293.1　　　　　　　　100005490

Easy Quick 111

命運知多少？

作　　者／許敬
美術構成／Chris' office
校　　對／楊安妮、許敬
發 行 人／賴秀珍
榮譽總監／張錦基
總 編 輯／何南輝
出　　版／知青頻道出版有限公司
發　　行／紅螞蟻圖書有限公司
地　　址／台北市內湖區舊宗路二段121巷28號4F
網　　站／www.e-redant.com
郵撥帳號／1604621-1　紅螞蟻圖書有限公司
電　　話／(02)2795-3656（代表號）
傳　　真／(02)2795-4100
登 記 證／局版北市業字第796號
港澳總經銷／和平圖書有限公司
地　　址／香港柴灣嘉業街12號百樂門大廈17F
電　　話／(852)2804-6687
法律顧問／許晏賓律師
印 刷 廠／鴻運彩色印刷有限公司
出版日期／2011年 4 月　第一版第一刷

定價 250 元　港幣 83 元

ISBN 978-986-6276-69-9　　Printed in Taiwan